DOMINIO DE LA INTELIGENCIA EMOCIONAL 2 EN 1

LA GUÍA ESPIRITUAL SOBRE CÓMO ANALIZAR A LAS PERSONAS Y A USTED MISMO. MEJORE SUS HABILIDADES SOCIALES, RELACIONES Y AUMENTE SU EQ 2.0: INCLUYE GUÍAS DE EMPATÍA Y ENEAGRAMA

SCARLETT MULLINS

IVES FABRE

Copyright 2019 - Todos los derechos reservados.

El contenido de este libro no puede reproducirse, duplicarse o transmitirse sin el permiso directo por escrito del autor o el editor.

Bajo ninguna circunstancia se atribuirá culpabilidad ni se responsabilizará legalmente al editor ni al autor de ningún daño, reparación o pérdida monetaria debido a la información contenida en este libro. Ya sea directa o indirectamente

Aviso Legal:

Este libro está protegido por los derechos de autor. Este libro es únicamente para uso personal. No se podrá enmendar, distribuir, vender, usar, mencionar o parafrasear cualquier parte o contenido de este libro, sin el consentimiento del autor o editorial.

Aviso de exención de responsabilidad:

Favor de notar que la información contenida en este documento es solo para fines educativos y de entretenimiento. Todo el esfuerzo fue hecho para presentar información precisa, actualizada y completa. Ningún tipo de garantía viene declarada o implícita. Los lectores reconocen que el autor no está comprometido en presentar consejos legales, de tipo financieros, médicos, ni profesionales. El contenido de este libro ha sido obtenido de diversas fuentes. Favor de consultar a un profesional antes de intentar realizar cualquiera de las técnicas descritas en este libro.

Al leer este documento, el lector acepta que bajo ninguna circunstancia el autor es responsable de las pérdidas, directas o indirectas, que ocurran como resultado del uso de la información contenida en este documento, incluidos, entre otros, - errores, omisiones o inexactitudes.

LIBRO 1 : EL ENEAGRAMA

2

ORÍGENES

El término Eneagrama es de origen griego. *Ennea* es el número nueve en griego, y *gramo* significa un dibujo. Traducido al inglés ordinario, lo interpretaríamos como un dibujo con nueve puntos.

En la sección uno de este libro, exploraremos con gran detalle cómo se ve y significa este dibujo. Por ahora, lo más importante a tener en cuenta es que no solo estamos hablando de una metodología de la nueva era preparada para ayudarte a lidiar con las crecientes tensiones de la vida. Hay más de lo que parece.

Al principio, puede parecer otra de esas entretenidas, pero juveniles pruebas de personalidad que no poseen ninguna base concreta para asegurar la transformación personal, pero si lees el contexto de este material y le aplicas la comprensión correcta, ' cosecharás los beneficios del poder contenido.

Se dice que la versión más temprana de este concepto fue desarrollada alrededor del siglo IV por un cristiano místico, Evagrius Ponticus, quien identificó ocho pensamientos mortales más un pensamiento general que le denominó "amor propio". Además de identificar ocho pensamientos mortales, Evagrius también identificó "remedios" a estos pensamientos. (Eneagrama de la personalidad de Wikipedia, la enciclopedia libre)

Algunos maestros actuales de este material creen que las variaciones del símbolo del Eneagrama se puede remontar a la geometría sagrada de los matemáticos Pitagóricos y de los matemáticos místicos. Aunque hay mucha disputa sobre esta teoría y quién la originó, el hecho es que funciona y se está utilizando ampliamente tanto en el mundo de los negocios como para el crecimiento espiritual. Si bien el símbolo del Eneagrama en sí tiene sus raíces en la antigüedad, muchas personas desarrollaron el sistema actual que utilizamos hoy desde no hace mucho tiempo.

George Gurdijieff, un místico ruso, y maestro es uno de esos individuos a quien se le atribuye la reintroducción moderna del símbolo del Eneagrama. Fue fundador de una escuela altamente influyente especializada en 'trabajo interno' y su principal forma de enseñar y usar el símbolo fue a través de una serie de danzas sagradas, o lo que él llamaba 'movimientos'. Él creía en dar a sus alumnos un sentido directo del significado del símbolo y el proceso que representa, pero lo que no hizo fue incluir el sistema de tipos enea, tal como lo conocemos hoy. Para que comprendamos quién estaba detrás de este sistema, tal como lo conocemos hoy, tendremos que introducir a Oscar Ichazo en la historia.

Oscar Ichazo es acreditado como el individuo principal detrás del sistema contemporáneo del Eneagrama. Era un hombre boliviano que se mudó a Perú y luego a Buenos Aries en Argentina para estudiar el 'trabajo interno'. Esto le condujo a más viajes y búsqueda de sabiduría en Asia, donde adquirió más conocimiento a través de varias tradiciones de sabiduría que lo ayudaron a crear una forma sistemática de comprender y aplicar todo lo que había aprendido en sus viajes. Ichazo combinó las enseñanzas del taoísmo, el budismo, la filosofía griega antigua, el islam, el cristianismo y el judaísmo místico para formar su propia escuela de pensamiento que utilizaba el antiguo símbolo del Eneagrama. Así, desde la década de 1960, cuando comenzó sus enseñanzas en Chile, el Eneagrama basado en la personalidad se ofreció como un sistema para ayudar con la autorrealización y la transformación.

La escuela de Arica en Chile, donde enseñó en la década de 1960 y a principios de los setenta, es donde introdujo por primera vez su sistema de los 108 Eneagramas (o Ennneagons, según su terminología), pero el movimiento Eneagrama en Estados Unidos se ha basado en los primeros, principalmente en cuatro de ellos. Estos se llaman Eneagrama de las Pasiones, Eneagrama de las Virtudes, Eneagrama de las Fijaciones y el Eneagrama de las Ideas Santas. (El Eneagrama Tradicional, enneagraminstitute.com)

Fue durante este tiempo en Chile que un grupo estadounidense interesado en su trabajo fue a Sudamérica para estudiar y experimentar a primera mano sus métodos. Uno de los participantes del grupo fue el notable psicólogo estadounidense Claudio Naranjo, quien recreó su versión actualizada del sistema de personalidad Eneagrama. Aunque Ichazo y Naranjo comenzaron como maestro y discípulo, cada uno de ellos se fue por separado enseñando diferentes teorías de este sistema del Eneagrama y vieron que continuaban surgiendo diferentes escuelas de pensamiento sobre el tema, no te sorprendas al descubrir que algunas ideas no siempre se alinean. Sin embargo, el objetivo fundamental no es entrar en un debate sobre quién tiene razón o no. Estamos aquí para desarrollar una forma saludable de entender y de relacionarnos con nuestra psique humana. Esta herramienta ha demostrado ser muy útil para quienes practican con diligencia, y te ayudará a comprender mejor a las personas que te rodean y a ti mismo.

¿Por qué esto es importante para ti?

Comprender por qué te comportas como lo haces y encontrar una forma saludable de sacar a la luz los poderes, talentos y aspectos ocultos de ti que de otro modo permanecerían inactivos puede aumentar tu felicidad personal y la de tus seres queridos.

También es un fortalecedor hacia la empatía. Cuanto más comprendas por qué las personas se comportan como lo hacen, menos probabilidades hay de que tomes las cosas personalmente, te salgas de tu propia alineación o incluso las malinterpretes. Ahora que nos hemos vuelto más conectados que nunca como comunidad global, existe una mayor necesidad de compasión, comprensión y empatía. En el trabajo, en las redes sociales, en reuniones públicas y en el hogar. Ayuda cuando el comportamiento humano no es un misterio para ti porque puedes evaluar inteligentemente cualquier situación dada y responder en lugar de reaccionar cuando tienes una relación con los principales motivos subyacentes que impulsan la conciencia humana.

La conclusión es la siguiente.

Cualquier cosa que podamos hacer para saber más acerca de nosotros mismos y ser mejores humanos, vale la pena sumergirse e invertir un poco de esfuerzo. Se requiere de una mente y un corazón abiertos, pero si está listo para sumergirte en nuevas perspectivas saludables, prometo brindarte los conocimientos que pueden ayudarte.

¿De qué se trata este libro?

Dicho en pocas palabras, este libro responderá a la gran pregunta. ¿Por qué haces lo que haces, ya sea si es voluntario o no? Revela los motivos subyacentes detrás de cada uno de nosotros, y lo ayudará a obtener claridad sobre los patrones que no te están sirviendo para que puedas mejorarlos y arrojar una luz sobre los rasgos positivos que debes aprovechar.

Finalmente descubrirás tu verdadero yo, y te fortalecerás lo suficiente como para discernir la diferencia entre la máscara que has estado usando como forma de protección toda tu vida, y el verdadero ser auténtico que eres tú. No solo aprenderás más sobre ti, sino que también empezarás a ver el mundo con nuevos ojos y comprenderás por qué las personas piensan, sienten, se comportan y actúan como lo hacen. Esto te permitirá detectar aquellos con los que eres más compatible, y sostener más de esas relaciones. De hecho, tengo un capítulo que te ayuda explícitamente a cultivar relaciones amorosas saludables.

Te felicito por tomar esta decisión para mejorarte y comprender mejor a tus semejantes. Tu éxito y felicidad personal será un impacto directo de los cambios y las prácticas que integres a medida que absorbes cada capítulo.

El libro está dividido en cuatro secciones. En la sección uno, volvemos a lo básico para que puedas formar una base sólida antes de integrar esto en tu vida y relaciones. En la sección dos, profundizaremos en los detalles de los tipos de Eneagrama. En la sección tres, exploramos más sobre quién eres realmente, así como los subtipos de los tipos de Ennea y, por último, prácticamente te guiaré para integrarlo en las áreas de tu vida que más importan. También tendrás la oportunidad de hacer una prueba de Eneagrama para averiguar qué tipo y subtipos resuenan más contigo. Ahora, recuerda, el sistema de Eneagrama es un trabajo aun en progreso como lo es tu vida. Sé gentil contigo mismo a medida que avanzas en este proceso y trata de no ponerte demasiado rígido tratando de encajar en un tipo o subtipo específico.

El Lado Oscuro de los Tests de Personalidad

Una mujer se desempeñaba increíblemente bien en su trabajo liderando un pequeño equipo en una importante agencia de bienes raíces hasta que tomó una de las pruebas de personalidad más comúnmente elogiadas. Tras recibir los resultados de la prueba de personalidad, sus colegas no confiaron en ella de la misma manera. Sintieron que ella simplemente no tenía la personalidad adecuada para estar en esa posición.

Al compartir su frustración conmigo, dijo: "después de ese día, cada vez que algo sale mal, o si me equivoco, tengo la sensación inquebrantable de que es porque soy este tipo de personalidad en particular, y tal vez debería estar buscando un trabajo que sea más adecuado para ese tipo de personalidad ". Le preocupa que todos sus colegas también sientan lo mismo, y se crea una tensión que antes no existía en sus habilidades de liderazgo. Este es un problema real y común que mucha gente reporta una vez que caen en la desventaja de depender continuamente de pruebas de personalidad poco profundas.

El error aquí es elemental. Cuando aplicamos etiquetas rígidas a nosotros mismos y a otros que limitan la capacidad de hacer cosas que están fuera de los resultados de las pruebas, puede ser como estar encerrado en una pequeña caja. Quiero que evites ese pensamiento errado mientras nos adentramos en los conceptos básicos del sistema del Eneagrama. Para que puedas utilizar esta herramienta de manera efectiva, debes entender un hecho muy simple.

Eres un ser humano dinámico y en constante evolución. Tus experiencias, entorno y estado mental cambian regularmente, y lo mismo ocurre con tu tipo de personalidad. Este sistema de nueve puntos no tiene la intención de encasillarte en una categoría. Los nueve puntos están interconectados, y puedes encontrar aspectos tuyos en varios tipos. Esto es algo bueno.

Ser capaz de descubrir más de quién realmente eres es posible y se puede hacer sin necesariamente encajar en una categoría rígida. Comencemos.

SECCIÓN I. ENTENDIENDO LAS BASES E HISTORIAL DEL SISTEMA

3

LA TEORÍA DEL ENEAGRAMA

Si realmente queremos una mejor comprensión del Eneagrama y de cómo está destinado a ayudarnos a llevar una vida mejor, debemos al menos tener en cuenta el propósito principal del trabajo de Ichazo.

Tenemos que distinguir entre un hombre como es en esencia, y como es en ego, o personalidad. En realidad, cada persona es perfecta, intrépida y en amorosa unidad con todo el cosmos; no hay conflicto dentro de la persona entre la cabeza, el corazón y el estómago, o entre la persona y los demás.

Entonces sucede algo: el ego comienza a desarrollarse, el karma se acumula, hay una transición de la subjetividad hacia objetividad; el hombre cae de la esencia a la personalidad (Entrevistas con Ichazo, página 9)

La teoría actual del Eneagrama de los tipos de personalidad que creó es más que una oferte de una prueba rápida para ayudarte a encajar en una categoría específica. Se trata de iluminar y motivarte a despertar a una mejor comprensión de la estructura de tu alma y de los demás. Hay un "yo" real y un "yo" cotidiano que juntos forman el individuo que sabes que eres. Por lo general, operamos nuestras vidas enteras desde el ser ordinario (también conocido como el ser del ego) y nos separamos de ese ser profundo y verdadero, y de ahí surge toda la inquietud interna, la confusión y la crisis de identidad.

Ichazo desarrolló sus enseñanzas y metodologías transformacionales para ayudarnos a conciliar estos dos aspectos de nosotros mismos y recuperar la armonía y la integridad que es nuestra verdadera naturaleza.

Por lo tanto, el eneagrama está destinado a equiparte con una herramienta que te ayuda a comprender mejor las cualidades de tu alma y la verdadera esencia, que Ichazo propone distorsionar o contraer en los estados del ego. La teoría está inspirada en la tradición mística y filosófica occidental de nueve formas divinas según mencionado por Platón (sólidos platónicos) y luego desarrollada en el siglo III por el filósofo neoplatónico Plotino en su obra – Los Eneas.

Claramente, estas no son nuevas ideas, pero lo que podemos concluir es que nadie había consolidado tan brillantemente todas estas diferentes maneras de pensamiento para ayudar a la autoconciencia como lo hizo Ichazo. La base de su enseñanza es que mientras un individuo permanezca en esencia pura, está en completa armonía con toda la vida y posee las cualidades esenciales superiores, también conocidas como las Ideas Santas.

Cada Idea Santa tiene una Virtud correspondiente. A medida que un individuo pierde conciencia y presencia, se aleja de esa Esencia pura y entra en el ámbito de la personalidad, donde tanto las Santas Ideas como las Virtudes se distorsionan en la fijación del Ego y la pasión, respectivamente.

Ideas sagradas, Virtudes, Fijaciones del ego y Pasiones

Según la teoría de Ichazo, la pérdida de la autoconciencia conduce a una contracción espiritual, que da lugar a los estados del ego que nos hacen perder nuestra base y nuestro centro. Nos distorsionamos en nuestros pensamientos, sentimientos y acciones deshabilitando la conexión con lo Divino. No está diciendo que se supone que no debemos tener pasiones y fijaciones egocéntricas, simplemente señala que estos son aspectos inferiores e indómitos de nosotros mismos que en realidad son parte de algo más grande y mejor si solo aprendemos a utilizarlos de manera efectiva. Una vez que reconocemos que son versiones distorsionadas de la Esencia pura, se convierte en nuestra búsqueda para restaurar ese equilibrio y verdad en nuestras vidas. Este es el propósito principal subyacente al Eneagrama de la personalidad.

El objetivo no es solo hacer un examen; es lo que te sucede una vez que das ese primer paso de autoanálisis a través del examen.

4

ENTENDIENDO EL ENEAGRAMA MODERNO DE LAS HERRAMIENTAS DE LA PERSONALIDAD

*A*hora que tienes un contexto sobre el propósito y el origen de tanto el antiguo símbolo del Eneagrama como del concepto creado por Ichazo que incluye el símbolo que forma el Eneagrama de la personalidad, tal como lo conocemos hoy, cambiemos nuestro enfoque. Es hora de llevar nuestra atención de la historia básica hacia el sistema actual para que puedas empezar a ver el valor que puede aportar al desarrollo de tu vida.

Al intentar comprender y estudiar el comportamiento humano, hay varios enfoques que uno puede usar. La mayoría de ellos implica el diagnóstico de comportamientos patológicos, y aunque esto es importante, ciertamente no es un enfoque muy holístico y no considera el comportamiento humano en su totalidad.

Lo que pretende hacer el Eneagrama es ofrecer un mapa más holístico, y un lenguaje preciso para ayudarte a comprender y a expresar lo que descubres sobre ti mismo y los demás.

Aunque todavía no está claro dónde se puede trazar la línea entre el trabajo de Ichazo y el avance del sistema por parte de Naranjo, una confirmación personal durante una entrevista en la que Naranjo proclamó que llevó el trabajo que Ichazo había hecho al siguiente nivel al colocar identidades específicas en los nueve los tipos de personalidad me llevan a la conclusión de que Naranjo puede estar acreditado con los "nombres de los tipos" detallados en los que nos sumergiremos en la sección donde diseccionamos cada tipo de Eneagrama.

Independientemente del creador del sistema de los nueve puntos, sabemos que el eneagrama del siglo XXI ha evolucionado a lo largo de los años. El sistema de tipeo detallado necesitaba crecer y tener en cuenta los descubrimientos psicológicos que hemos realizado en el mundo moderno para que siga siendo relevante.

Es nuestro trabajo recordar que el propósito de esta herramienta no es etiquetar y clasificar a otros o a nosotros mismos en ciertos estados fijos. En cambio, se trata de abrirse para reconocer los principales patrones de comportamiento en los que las personas tienden a caer, entendiendo que cada individuo puede exhibir cualquiera de estos rasgos de personalidad de una manera más dominante que las otras características dependiendo de su presente estado actual, entorno, y cuán autoconscientes son.

En la entrevista donde Claudio Naranjo explicó mejor su rol en la creación del Eneagrama de la personalidad, tal como lo conocemos hoy, comparte abiertamente "Cuando la gente dice:" Un [tipo] Uno es así "o" un [tipo] Dos es así "o" el tipo del orgullo tiene estos y aquellos rasgos similares ", que proviene de mi propio trabajo. Y es por eso que solo las personas que llegaron a mi escuela se convirtieron en maestros del Eneagrama".

Continúa diciendo que lo que Ichazo tenía era un mapa básico que ayudó a desarrollar hasta el nivel avanzado que hoy conocemos. "Había cultivado la semilla, y todo lo que surgió de mi trabajo fue de ese tipo: la información incompleta o los esquemas que transmitió". (Buscador de la verdad: una entrevista con Claudio Naranjo por Iain McNay. Watkins Magazine, 2016, 14 de octubre)

Para comprender mejor la herramienta Eneagrama de la personalidad, debemos considerar cómo funciona la mente. La mente quiere ser estratégica sobre el manejo y la navegación de la vida para que puedas sobrevivir lo que se te presente. Se dice que el sistema de los nueve puntos del eneagrama son las nueve cualidades distintas y únicas que todos los seres humanos poseen como características especiales para ayudar a un individuo a navegar por la vida (incluyendo el trauma).

Tu tipo de Eneagrama es la herramienta de navegación que está contigo todo el tiempo influyendo secretamente en tu comportamiento, percepciones y reacciones de una manera que no siempre puedes predecir. Cuanto más puedas comprender tu tipo de eneagrama, mayor será tu percepción sobre ti mismo y tus patrones habituales de pensamiento porque reconocerás que hay una forma principal en la que percibes y reaccionas ante las cosas que demuestran tu personalidad del eneagrama dominante. Esto te permitirá tomar una decisión informada sobre si deseas activar o no otras características que consideres más adecuadas para el tipo de persona que aspiras a ser.

También te ayudará a discernir mejor entre el yo real y el ego en ti. Es un sistema sutil pero complejo, pero no necesitas abrumarte o confundirte. En lo que llegamos a la esencia de este libro y descubramos este sistema de nueve puntos, tómate un momento para hacer una pausa en la descripción del tipo para ver cuáles resuenan contigo. Hacia el final del libro, haremos una simple prueba del eneagrama para ayudarte a determinar dónde te encuentras y qué tipo es el más dominante en tu personalidad. Pero por ahora, exploremos cada punto numerado y la estructura del eneagrama a mayor detalle.

INTRODUCCIÓN A LOS TIPOS DE ENEAGRAMAS

Basado en las enseñanzas del Eneagrama del sistema de personalidad, sabemos que hay nueve puntos. Cada uno con un nombre de tipo único dado.

1. El Perfeccionista también llamado el Reformador.
2. El Dador también llamado el Ayudante.
3. El Triunfador también llamado el Ejecutante.
4. El Romántico también se llamado el Individualista.
5. El Observador también llamado el investigador.I
6. El Leal también llamado el Dudoso.

7. El Entusiasta también llamado el Soñador.
8. El Retador también llamado el Líder.
9. El Pacificador también llamado el Diplomático.

Sin embargo, vale la pena mencionar que hay más de estos nueve tipos contenidos en el sistema. También hay centros y alas que juegan un papel importante en la interpretación y comprensión de tus resultados cuando se realiza la prueba.

Los centros:

Los centros organizan los nueve puntos en tres grupos. Forman una tríada en el diagrama. Clasificar los puntos numerados como el centro instintivo para los tipos 1, 8 y 9; el centro de Sentimientos para los tipos 2, 3 y 4; y finalmente el centro de Pensamiento para los tipos de personalidad 5, 6 y 7.

Las Alas:

Las alas son las que nos ayudan a reconocer el hecho de que todos estamos conectados independientemente del tipo y que tampoco estamos apegados exclusiva y rígidamente a un punto numerado. De hecho, a menos que abracemos y desarrollemos "nuestras alas", todavía será difícil alcanzar todo nuestro potencial en la vida.

Nos sumergiremos más en los centros y en las alas en el próximo capítulo, donde incluso puedes tener una idea visual del Eneagrama para ayudar a conectarte mejor con el sistema.

Como puedes ver, hay capas adicionales de complejidades, que pueden ser muy interesantes para un individuo que tiene una mente abierta y busca verdades más profundas. Por complicado que pueda parecer este sistema, es muy dinámico y bastante simple una vez que lo comprendes y te conectas a la estructura del diagrama en sí, porque le dará a tu mente una imagen mental funcional y así tendrás una mejor comprensión acerca de tus tendencias naturales.

Al tratar de descubrir más sobre ti mismo, los demás, y la razón por la que te comporta como lo haces, el Internet tiene muchas soluciones para elegir. Desafortunadamente, la mayoría de ellos no tienen el mérito suficiente para darte una respuesta que realmente pueda transformar toda tu vida. No obstante, la herramienta de personalidad del Eneagrama es uno de los pocos sistemas reconocidos a nivel mundial que no solo te ayuda a aprender más sobre tu personalidad, sino que también expande tu conciencia para mostrarte formas en que puedes acceder a reinos que van mucho más allá de las tendencias superficiales. Lo mejor de todo es que te brinda información sobre cómo se comportará tu tipo de personalidad cuando te exponga a situaciones estresantes y poco saludables, así como lo buenas que pueden ser las cosas una vez que te encuentres en el camino saludable del desarrollo de la personalidad.

ESTRUCTURA DEL DIAGRAMA

La estructura del diagrama del Eneagrama convencional está destinado para ayudar a conectarte visual, mental y emocionalmente con la herramienta, mostrándote cómo funciona la interrelación entre los tipos de personalidad. Antes de comenzar a diseccionarlo, apuesto a que te preguntas por qué el sistema está numerado del 1 al 9. Yo también tenía curiosidad al respecto. ¿Una clasificación numérica más alta implica que un tipo de personalidad posee más valor?

¡De ningún modo! No hay diferencia de valor entre el número más grande y el más pequeño. Entonces, el hecho de que alguien sea un ocho no significa que sea mejor que un tres.

Creo firmemente que ningún tipo es mejor o peor que el otro. Cada personaje es único con diferentes atributos que pueden ser expresados de manera saludable o dañina. Claro, encontrarás que algunas personas desean un número específico porque según la sociedad es mejor ser ese tipo de personalidad, pero simplemente no estoy de acuerdo con esto último. Creo que cualquier símbolo puede convertirse en una desventaja si está subdesarrollado. La clave es nutrir los aspectos saludables del tipo con el que más resuenes. No te preocupes tanto por lo que "la gente diga" que es la mejor personalidad. El mejor personaje para ti es ser auténticamente tú mismo y aparecer como la versión más grande que puedas ser.

La forma más rápida de entender el diagrama es comenzando desde las capas externas y avanzando hacia adentro. Imagina dibujar un círculo. Luego un triángulo dentro del círculo y deja que toque las tres esquinas. Marca los tres puntos del triángulo 9, 3 y 6 en la posición de las agujas del reloj con el 9 posicionado en la parte superior del círculo.

Todo lo que tienes que hacer ahora es hacer seis puntos equidistantes de la circunferencia del círculo y designar los números restantes 1,2,4,5,7,8 para llenar los espacios en blanco. Asegúrate de hacerlo simétricamente y en el sentido de las agujas del reloj. Cada uno de estos números representa uno de los nueve tipos principales de personalidad. Si realizas esta actividad a mano, comenzarás a notar que los nueve puntos se pueden conectar de alguna manera mediante líneas internas y que los puntos 3, 6 y 9 en realidad forman un triángulo equilátero. Los seis puntos restantes se pueden conectar como se muestra en el siguiente diagrama. La importancia de estas líneas internas nos lleva a otra lección vital cuando se trata de comprender la herramienta del Eneagrama de la personalidad.

En un nivel fundamental, la herramienta se utiliza

para ayudar a una persona a identificar su tipo más dominante dentro del sistema de nueve puntos. Sin embargo, hay más de lo que parece a simple vista para aquellos que quieran sumergirse más profundamente. También hay interconexión entre los nueve puntos. Entonces, aunque puedas encontrar que tu personalidad básica es un 2, no es raro descubrir un poco más de ti en los nueve tipos. Aquí es donde entran en juego los Centros y las Alas.

Todos los maestros y autores del Eneagrama concuerdan en que todos nacemos con un tipo de personalidad dominante en particular, que emerge desde la infancia para ayudar a adaptarnos a nuestro entorno.

Como recién nacidos, no tenemos realmente un sentido desarrollado de uno mismo. El ego aún no se ha activado y si tienes duda sobre esto, simplemente pasa un tiempo en el parque. Observa cómo un pequeño bebé en un cochecito no tiene sentido de identidad. Él o ella apenas puede distinguir la diferencia entre sus dedos de las manos y de los pies, o si una muñeca le pertenece o no. Luego observa a los niños pequeños que comienzan a ser más conscientes de sí mismos. Pueden identificar a sus padres y hermanos, pero aún no tienen un sentido de sí mismos. Luego tenemos a los niños de cinco años jugando juntos, persiguiendo una pelota. El dueño de la pelota sabe que le pertenece y probablemente lloraría si se la arrebatas, pero el "yo" todavía es muy fluido. Una vez que rebasan la edad de 7 años, el "yo" está bien definido, y todo se trata de tomar posesión y determinar el "yo" y el "mío". De niños no éramos diferentes. Dependiendo de nuestro entorno, lo que nuestros tutores nos enseñaron, cómo nos trataron y a qué nos expusimos, desarrollamos un sentido de identidad para ayudarnos a encajar en este mundo y sobrevivir.

Podemos, por lo tanto, generalizar que nuestros años de formación y todo lo que estuvimos expuestos ayudaron a dar forma a nuestras personalidades. Aprendimos a depender más del tipo de personalidad que nos permitiría sobrevivir y sentirnos seguros en el mundo que nos rodea. Algunos de los que elegimos pueden ser maravillosos, pero quizás algunos aspectos no sean saludables en absoluto, pero aun así nos mostramos en el mundo como esa persona. Además, puede ser que hayamos descuidado el desarrollar y aprovechar la influencia de las cualidades conectadas, y las habilidades especiales que podamos poseer. Es por eso que conocer el centro al que pertenece y las alas que posees podría valer la pena. Discutamos más a fondo el rol de los tres centros y las alas antes de saltar a cada uno de los nueve puntos en la siguiente sección.

Los centros:

Como se mencionó anteriormente, los Centros están segmentados en una tríada. Estos son centros de inteligencia en los que caerá cada uno de los puntos numerados. Cada centro contendrá tres tipos de personalidad. La tríada consiste en el centro de pensamiento, el centro de sentimiento y el centro del instinto.

También conocido como los centros de cabeza, corazón, e instinto respectivamente. Estos centros están diseñados y designados para las áreas específicas en el diagrama intencionalmente. Los centros generalmente se diferencian entre sí en función de cómo la persona suele interpretar la vida y a los demás.

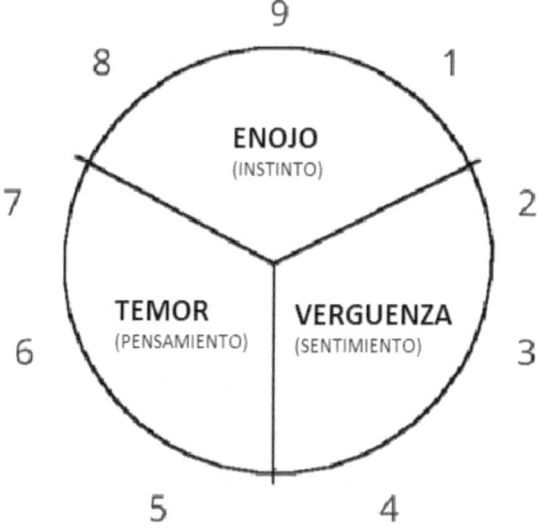

El Centro de Pensamiento:

Las personas se van por la lógica por lo general están atrapados en su cabeza. Tienden a retirarse de las relaciones. El centro de la cabeza es un centro cognitivo y las personas de esta tríada adoran pensar, analizar y abordar las cosas con precaución. Imagina por un momento que estuviste en una fiesta. Si eres parte del centro de pensamiento, entonces tu tendencia y preferencia natural sería estar parado en o cerca de la puerta para que puedas tener una mejor vista y simplemente observar a los demás.

A algunos autores les gusta referirse a ellos como tipos mentales. Su emoción dominante para mantener vigilada es el Miedo.

El Centro de los Sentimientos:

Las personas sentimentales suelen ser personas que se involucran en relaciones y buscan continuamente a otros. Están muy preocupados por los sentimientos y sus interacciones con otras personas. Vuelve al escenario de la fiesta una vez mas. Esta vez, en lugar de estar junto a la puerta para ver quién está presente y lo que sucede a tu alrededor, serías el primero en mezclarte, presentarte a los demás e intentar conectarte con la mayor cantidad de gente posible.

Algunos autores se referirán a ellos como tipos basados en sentimientos. Su emoción dominante para mantener vigilada es la Vergüenza.

El centro instintivo:

Las personas "estomacales" son instintivas. Son muy directas y no tienen miedo de ser confrontativas. Las personas en esta tríada tienden a actuar primero, y pensar y sentir después. Si tomamos el ejemplo de la fiesta por última vez, sabrías si esta tríada se adapta perfectamente a tu enfoque desde el momento en que ingresas a la sala. ¿Eres audaz, cordial y jovial en tu interacción con los demás? Quizás salgas demasiado audaz, lo que otros a menudo encuentran ofensivo o intimidante. Y si eres el tipo de persona que no es tímida cuando se trata de ofrecer una crítica constructiva, incluso si es para el anfitrión de la fiesta, entonces dirías que este es tu centro de inteligencia.

Algunos autores se referirán a estos tipos como tipos basados en el cuerpo. La emoción dominante a tener vigilada es el Enojo.

Según el Instituto del Eneagrama, cada tipo es el resultado de una relación particular ante un grupo de problemas que caracterizan a ese centro. Dicho de una forma simple, estos problemas giran en torno a una respuesta emocional poderosa, en su mayoría inconsciente, a la pérdida del contacto con el núcleo de uno mismo. (Cómo funciona el sistema del Eneagrama a través del Instituto del Eneagrama)

En otras palabras, tienes una respuesta emocional inconsciente y específica que a menudo surge como resultado de la pérdida del contacto entre el pequeño "yo" cotidiano y el verdadero "yo". Los tres centros, siendo agrupados en Pensamiento, Instinto y Sentimiento tienen como emociones dominantes el Temor, el Enojo, y la Vergüenza, respectivamente.

Entonces, si tomas la prueba del Eneagrama y descubres que eres un tipo 6, y tras una pequeña reflexión te das cuenta de que el miedo es definitivamente uno de los mayores paralizadores que te detienen de la grandeza, entonces has confirmado que eres dominante en el Centro de Pensamiento.

Cuanto más desconectado estés de tu verdadero ser; más fuerte será el control del miedo, porque esa es la emoción inconsciente dominante. Entonces, cuando estás mejorando tu vida y trabajando duro para manifestar una vida que quieres, es importante vigilar de cerca el miedo porque ese sería tu mayor fuente de sabotaje.

Cada centro de inteligencia incluye ciertas responsabilidades y activos, las cuales serán poseídas por el tipo de personalidad asignado que pertenece a ese grupo. Por ejemplo, el tipo tres cae en el "centro de los sentimientos". Esto sugiere que la emoción inconsciente más dominante a tener en cuenta es la vergüenza. También significa que hay ciertas fortalezas y cualidades que tendrían en relación a los "sentimientos", razón por la cual caen en esa tríada.

Solo para que quede claro, esto no significa que no experimentarás otras emociones. Piensa en el grupo en el que estás como si tuviera un tema. Cualquiera que sea tu tema, esa será tu emoción más dominante de lidiar.

Las Alas:

La razón por la que creo que las alas son un aspecto importante a incluir en tu interpretación de los resultados de tu Eneagrama es que, en verdad, ninguno de nosotros puede ser definido por un solo tipo de personalidad.

Somos individuos únicos y complejos. Siempre evolucionando y cambiando de un momento a otro. Lo que significa que nuestra persona también debe ser una combinación de varias cualidades. Las alas ayudan a integrar este concepto en el sistema.

Aunque algunos maestros del Eneagrama argumentan que solo tenemos un ala, estoy convencido de que debemos tener más de una. Incluso si lo juzgamos desde un punto de vista estrictamente numérico, el número 1 está conectado al 2 en un lado y al 9 en el otro. El tipo adyacente al 1 es lo que llamamos su ala. Así como un pájaro o avión necesita ambas alas para volar, tu también necesitas alas para volar. Estas alas son supuestamente complementos de tu personalidad central. Te conectan con tus "vecinos más cercanos", dándote acceso a diferentes recursos y características que pueden ser bastante útiles.

¿Ambas alas son igualmente dominantes y necesitas desarrollar cada una individualmente?

Sí y no. En realidad, no es una pregunta fácil de responder. El Instituto del Eneagrama ofrece una pequeña idea de esto. "La observación de las personas nos lleva a concluir que, si bien la teoría de las dos alas se aplica a algunos individuos, la mayoría de las personas tiene una dominante. En la gran mayoría de las personas, mientras que la llamada segunda ala siempre permanece operativa hasta cierto punto, el ala dominante es mucho más importante ".

Creo que lo más importante a recordar cuando se trata de tus alas es que resonarás más con un lado y está bien. Con el paso de los años, eso también puede cambiar, y puede que te encuentres cambiando y exhibiendo más cualidades del ala que es menos influyentes. De cualquier manera, es bueno tomar conciencia de ambas y descubrir cuál se alinea mejor con tu personalidad central, y hacia el ser humano en el que deseas convertirte.

Una forma efectiva de acercarte y comprender tus alas:

No hace mucho, entré a mi establecimiento de yogurt favorito para tomarme un descanso de las compras en el centro comercial que me había tomado una hora. Desafortunadamente, no era el único que necesitaba de este descanso refrescante. Estuve alrededor de 5 minutos esperando en la fila antes de que finalmente me tocara. En lugar de fruncir el ceño y sentir pena por mí mismo, decidí observar los aditivos que pedían las personas frente a mí para su yogurt. Fue una experiencia bastante emocionante cuando me percate de cuán únicos somos todos. Algunas personas querían solo la base simple sin ingredientes extra en absoluto. Otros querían cuatro ingredientes diferentes.

¡Una adolescente frente a mí quería saber si podía obtener seis ingredientes diferentes! Pensé que eso era demasiado. Cuando llegó mi turno, ¡me sentí bastante modesto cuando pedí un yogurt helado de tamaño mediano con solo Nutella como aditivo! Sí, soy un adicto a la Nutella, ¿qué puedo decir?

A lo que voy con esta anécdota es lo siguiente.

Así como todos somos únicos con nuestros ingredientes preferidos, la relacion con nuestras alas también variarán de un individuo a otro. Las alas no son el yogurt congelado; son los ingredientes que puedes elegir para darle sabor a tu yogurt (el tipo de personalidad central). Todos tenemos acceso a nuestras dos alas, y en ocasiones una será más predominante que la otra.

Cuanto más seas consciente de tu preferida, más fácil será usar tus alas. Algunas personas no les gusta ningún ingrediente extra. En este caso, nos referiríamos a ellos como un ala ligera; algunos quieren muchos ingredientes o una cantidad abundante de uno solo. A los que podríamos referirnos como ala/s fuertes. Otros como yo queremos tener la cantidad justa de ingredientes, y podemos referirnos a ello como alas dobles equilibradas. Independientemente de tu preferencia, estar en conexión con tus alas puede ayudarte a comprender la sutileza de tu tipo de personalidad central.

A medida que te inclines más hacia tus alas, ya sea a un lado o hacia el otro, extenderás tu perspectiva y aumentarás tu capacidad para lidiar con la tensión, creando un mayor potencial para replantear a los influenciadores que ya no te sirven. Cada tipo de personalidad central viene con un "vecino cercano" conectado a cada lado del sistema de nueve puntos. Algunos de los dones y desafíos que lleva cada ala se explorarán en la siguiente sección a medida que descubramos las cualidades de los tipos de personalidad central. Hagámoslo.

SECCIÓN II. EL ENEAGRAMA DE LOS TIPOS DE PERSONALIDAD A DETALLE

EL ENEAGRAMA DE LOS TIPOS DE PERSONALIDAD

Tipo Uno: El Perfeccionista también conocido como Reformador

Una persona de esta categoría generalmente se le considera perfeccionista. A él o ella le gusta sentirse en control y tiene una necesidad constante de hacer lo correcto. Algunos de los valores centrales para alguien de tipo uno son integridad y responsabilidad.

Ser considerado una buena persona es fundamental para quienes caen en este primer tipo, a menudo adoptando un enfoque más blanco y negro para todo. Algo es bueno o malo; mal o bien, es así de simple para ellos. Están más basados en el cuerpo y generalmente están más atentos al mundo externo que al interno.

Famosas celebridades como Hilary Clinton, Martha Stewart o incluso reformadores mundiales como Nelson Mandela probablemente caerían en este tipo.

Ciertas cualidades se le atribuyen a los de tipo uno. Rasgos asociados con el carácter, como ser intencionales, basados en principios, autocontrol, llenos de integridad y pragmáticos.

Pueden ser bastante tranquilos y serenos, pero también se sabe que son muy críticos con ellos mismos y con los demás. Tienden a ser muy intransigentes y críticos. Dado que caen en el Centro del Instinto, la ira y el enojo son experiencias comunes, pero hacen un buen trabajo reprimiéndolo porque no les gusta expresar mucho las emociones.

Si eres una persona de tipo uno, entonces es más probable que estés interesado en hacer lo correcto en todo momento. El sentido común es en lo que crees, y eres muy responsable, a menudo te preguntas qué les pasa a las personas que no toman la vida en serio y no son responsables de sus actos. Tienes altos estándares y tiendes a ser un idealista haciendo lo mejor que puedes para mejorar el mundo que te rodea, de ahí el término común "reformador". Estás orientado a los detalles, preciso en tu forma de comunicación y con los pies en la tierra.

Como auto-mejorar:

La mejor manera de ayudar a tu crecimiento personal si resuenas más con el tipo uno, es practicar ser menos crítico contigo mismo. Aprende a soltar la ira, la rabia, el resentimiento o cualquier otra cosa que aparezca de manera saludable.

Aprender a perdonarte a ti mismo y a los demás por los errores también será una experiencia liberadora, ya que te dará más poder para lidiar con las imperfecciones de las que te vuelves consciente. Además, ¡date permiso para divertirte!

Tus Alas

El Ala Nueve:

Regalos:

Algunos de los regalos que esta ala le brinda al perfeccionista y al estricto incluyen, entre otros, los siguientes.

- Esa fuerte necesidad de corregir o mejorar a

las personas y las cosas se reducen significativamente.
- Puedes sostener más puntos de vista y ser más abierto y colaborativo.

Hay una mayor sensación de relajamiento, confianza y aceptación de los demás tal y como son.

Desafíos:

Algunos de los desafíos que esta ala tiene para el perfeccionista y el estricto incluyen, entre otros, los siguientes.

- Es posible que estés menos concentrado en atender tus necesidades personales y, en cambio, pones todos tus esfuerzos en las necesidades de los demás, lo que podría conducir a un camino poco saludable de auto descuido.
- El enfoque relajado, a su vez, no es saludable para ti, pues hace que comiences a postergar y descuidar tareas importantes.

El Ala Dos:

Regalos:

Algunos de los regalos que esta ala le brinda al perfeccionista y al estricto incluyen, entre otros, los siguientes.

- Puedes notar que tu actitud a menudo crítica hacia ti mismo y hacia los demás se suaviza con la compasión, la empatía y la comprensión.
- El idealismo en ti se expresará más fácilmente de manera constructiva al servicio de los demás.

Desafíos:

Algunos de los desafíos que esta ala trae al perfeccionista y el estricto incluyen, entre otros, los siguientes.

- Es posible que tengas un mayor deseo de mejorar a las personas y las condiciones para que puedas sentirte aceptado y valioso.
- Hay una tendencia a sentirse victimizado o aprovechado incluso cuando sacrificas tus propias necesidades.

Tipo Dos: El Dador también conocido como el Ayudador

Este tipo de persona es naturalmente muy empática, cariñosa y útil para los demás, de ahí el término "ayudante".

Piensa en una figura icónica como Diana: la princesa de Gales, o la Madre Teresa, y tienes una buena comprensión de este tipo de personalidad. Si nos atreviéramos a ir demasiado lejos, incluso podríamos asignar arquetipos religiosos como Jesucristo a este punto numerado.

Ciertas cualidades se le atribuyen al tipo dos. Rasgos de carácter como autenticidad, compasión, generosidad, posesivo y afectuoso.

Debido a que tienen una necesidad tan fuerte de amor, a menudo pueden convertirse en personas complacientes.

Un tipo dos valora mucho las relaciones y pone mucha energía en ellas hasta el punto en que puede descuidar sus necesidades personales. Sin duda, se consideraría que los empáticos pertenecen principalmente a esta categoría. Al ser un tipo basado en los sentimientos, se agrupan como parte del Centro de los Sentimientos, y desafortunadamente, esto lleva a la emoción dominante de la vergüenza.

A menudo, una persona de esta categoría intentará

enmascarar la vergüenza que está experimentando y esa sensación de no ser lo suficientemente bueno al compensar en exceso sus interacciones con los demás para que las personas puedan pensar en ellos como buenos.

Si eres una personalidad de tipo dos, entonces es más probable que seas una esponja emocional que siempre experimente más que los demás, lo que te hace realmente bueno para apoyar y dar a los demás. Pero es posible que hayas notado que es algo complicado darse a uno mismo o tomarte el tiempo para atender tus necesidades. Debes tener cuidado de no absorber las emociones en piloto automático, ya que eso desestabilizará tu sensación de estar asentado. Eres una persona amable, comunicativa y generosa por naturaleza, pero debes asegurarte de que no se vuelva una dependencia.

Como auto-mejorar:

Haz de tu propio cuidado y del amor propio una prioridad en tu vida. Entrénate para comenzar a prestar atención a tus propias necesidades. Sé que decir que no y establecer límites es difícil, pero debes comenzar a reconocer cuándo establecer límites para tu propia protección mental, emocional, espiritual y física.

Tus Alas

El Ala Uno:

Regalos:

Algunos de los regalos que esta ala aporta al tipo dador y ayudador incluyen, entre otros, los siguientes.

- Puedes sentirte más influenciado para ser más generoso y dar no solo a las cosas que prefieres sino a todas las cosas en general.
- Fortalecerá tus límites, te volverá más honesto consigo mismo y, en lugar de explotar, puedes redirigir esas emociones para mejorar las cosas a tu alrededor.

Desafíos:

Algunos de los desafíos que esta ala trae al tipo dador y ayudador incluyen, entre otros, los siguientes.

- La influencia de esta ala puede hacer que trabajes demasiado en un intento de ayudar al desvalido y lograr más justicia.
- Es posible que experimentes un aumento de

dolor y una acumulación más significativa de críticas y resentimiento.

El Ala Tres:

Regalos:

Algunos de los regalos que esta ala aporta al tipo dador y ayudador incluyen, entre otros, los siguientes.

- Esta ala te traerá un mayor sentido de autoestima; enfoque, efectividad, organización y te permitirá convertirte en un mejor delegador.
- Te sentirás seguro para defenderte y formar parte de un equipo. Te ayuda a darte cuenta de que no tienes que hacer todo por tu cuenta.

Desafíos:

Algunos de los desafíos que esta ala trae al tipo dador y ayudador incluyen, entre otros, los siguientes.

- A medida que te involucres más con el trabajo y menos con tu "yo" interior, podrías

terminar descuidando tus necesidades y volviéndote adicto al trabajo.
- También puedes desarrollar la tendencia a ser reconocido y ser visto como "importante" por aquellos que consideras influyentes. De ahí el peligro de adquirir demasiado orgullo por motivo de tu trabajo.

Tipo Tres: El Triunfador también conocido como el Ejecutante

El triunfador, también conocido comúnmente como el ejecutante, es el término dado a la personalidad de tipo tres. Si bien hay algunas similitudes entre el tipo uno y el tres, una persona en esta categoría está más motivada por el éxito y por tener lo mejor de la vida. Él o ella quiere ser admirado y valorado.

Los tres tipos son trabajadores, diligentes y, a veces, incluso un poco obsesivos, lo cual es excelente porque los mantiene activos hasta que logran sus objetivos. Ser el mejor es algo que realmente le importa a este tipo de personalidad, y es por eso que a menudo se convertirán en los mejores de la industria elegida. En nuestro mundo moderno, individuos como Muhammad Ali, Will Smith, Tom Cruise, Elon

Musk y Oprah Winfrey sin duda serían clasificados como triunfadores.

Las cualidades que posee esta persona pueden ser sobresalientes, y también pueden ser bastante dañinas si se centran en lo incorrecto. El deseo de ser el mejor en el trabajo, verse bien, demostrar éxito y ganar siempre puede hacer que un tipo tres sea súper competitivo, tenso e incluso puede llevarlo a pasar por encima de los demás solo para salir adelante.

Ciertas cualidades se atribuyen a este tipo tres, tales como ser impulsivo, seguro de sí mismo, consciente de la imagen, adaptable, enfocado, determinado, excelente, enérgico y excelente en liderazgo y comunicación.

A un tipo tres le encanta aprender, asumir nuevos desafíos y ganar. A este tipo de personalidad le encanta verse bien y generalmente es una persona inteligente y excelente para aprender, especialmente si también quieres sobresalir en la vida. Tienen mucha energía y entusiasmo por la vida que muchos consideran contagiosos, y esto realmente los ayuda mientras ascienden de rango en la vida o se convierten en exitosos por cuenta propia.

También caen en el Centro de Pensamiento, lo que significa que la vergüenza es un tema emocional subyacente con el que tienen que lidiar continuamente. Debido a que los tres están tan centrados en la imagen y el éxito externo, a él o ella generalmente le cuesta saber cómo manejar las emociones, especialmente la vergüenza. Por lo tanto, la negación es a menudo la opción preferida para los de tipo tres.

Su mecanismo de acoplamiento contra la vergüenza es un esfuerzo por convertirse en lo que ellos creen que es el individuo más valioso y exitoso posible, con la esperanza de que esto disuelva esa inquietud y sentimientos de vergüenza e insuficiencia subyacentes.

Si tú eres una personalidad de tipo tres, la productividad, el alto rendimiento y la excelencia mueven la aguja por ti. Te encanta ser el mejor y recibir reconocimiento por ello. El progreso, estar motivado y motivar a otros a tu alrededor para que tengan éxito es algo natural para ti. No hay duda al respecto, piensas diferente, sueñas más grande que la mayoría y te esfuerzas por lograr más que la mayoría de las personas. Tu energía a menudo es contagiosa, y a la gente generalmente le encanta estar cerca de ti porque los enciendes.

Como auto-mejorar:

Tómate un tiempo para hacerte una auto-auditoría con regularidad y obtener claridad sobre lo que significa para ti el verdadero éxito y la felicidad. Mirar hacia adentro puede ser un poco aterrador, pero ahí es donde radica tu verdadero poder.

Es esencial no confundir el éxito material con el cumplimiento y la autoestima, y debes extraer tu poder de la Fuente real de la vida, y no del poder de la agencia. Tu verdadero valor no puede provenir de títulos, premios y validación externa. Y esa profunda sensación de significado que anhelas en tu vida no vendrá de los logros, por lo que tomarte el tiempo para investigar y descubrir quién eres realmente te permitirá emerger mejor y más próspero de todas las maneras posibles.

Tus Alas

El Ala Dos:

Regalos:

Algunos de los obsequios que esta ala aporta al triunfador y al competitivo incluyen, entre otros, los siguientes.

- Esta ala realmente te da el don de encontrar ese equilibrio entre estar orientado a tareas u objetivos, y preocuparte por las personas. Te permite valorar a las personas y la contribución que hacen en tu vida.
- También te vuelve más consciente de tus necesidades y ves el valor de priorizar las relaciones no laborales.

Desafíos:

Algunos de los desafíos que esta ala trae al triunfador y al competitivo incluyen, entre otros, los siguientes.

- Puedes experimentar mucha más desilusión y autocrítica si tus logros no son apreciados.
- También podrías tener una mayor necesidad de validación y obtener la aprobación de otros, especialmente aquellos que son interesados clave. El ser complaciente con las personas puede afectar tus acciones.

El Ala Cuatro:

Regalos:

Algunos de los obsequios que esta ala aporta al

triunfador y al competitivo incluyen, entre otros, los siguientes.

- Uno de los mejores regalos que recibirás de esta ala es darte cuenta que el autodesarrollo y tomarse el tiempo para comprender el mundo interior tiene un enorme valor.
- Sentirás una mayor necesidad de ser auténtico, fiel a sí mismo y valorar las relaciones como un intercambio mutuo.

Desafíos:

Algunos de los desafíos que esta ala trae al triunfador y al competitivo incluyen, entre otros, los siguientes.

- Puede que te encuentres más malhumorado, introvertido y demasiado reflexivo.
- El sentimiento amplificador de que "falta algo" puede hacer que saltes de una relación intensa y de corta duración a otra para ayudar a sentirte bien.

Tipo Cuatro: El Romántico también conocido como el Individualista

Una persona de tipo cuatro se conoce principalmente como individualista, pero también me gusta el término romántico.

Esta persona es súper creativa, ve belleza y magnificencia en todo y tiende a romantizar las cosas. Piensa en personas famosas como Oscar Wilde, Michael Jackson, William Shakespeare o el poeta persa Hafiz, y ahora tienes una mejor idea de las personas que caerían en este tipo.

Las cualidades del carácter asociadas con este tipo de personalidad incluyen la creatividad, autenticidad, valor, pasión y profundidad emocional.

Sin embargo, también se consideran muy temperamentales, absortos y dramáticos, siempre exagerando las cosas. Hay una sensación subyacente de melancolía en los de tipo cuatro, ya que invariablemente sienten que falta algo.

Los de tipo cuatro anhelan ser entendidos y atesorados por quienes realmente son, pero regularmente se sienten incomprendidos y poco apreciados. Dicha persona diseñará un paisaje mental interno donde se sienta liberado y alimentado, como un medio para escapar del mundo duro y cruel que nunca "los comprende", ni sus sensibilidades.

Se ha dicho que la mayoría de los de tipo cuatro son artísticos o están muy interesados en el arte como un medio de autoexpresión, pero ya sea este el caso o no, una personalidad tipo cuatro tenderá a experimentar mucho disgusto e insatisfacción en el mundo, ya que se sienten diferentes y únicos de aquellos que no son como ellos. Y buscarán encontrar y expresar integridad y belleza de una manera idealista.

Siendo el más emocional de todos los tipos de personalidad, tienden a luchar más con la emoción mas dominante de la vergüenza. Forman parte del Centro de Sentimientos y, sin duda, "sienten" profundamente, por lo que su malestar es probablemente más pronunciado y más fácil de detectar. Sin embargo, intentan enmascarar esto enfocándose en cuán únicos y especiales son a pesar de que puede resultar en una montaña rusa de emociones al caer en una depresión profunda y otras emociones negativas hacia el otro extremo de la belleza, alegría, fantasía y creatividad inspirada.

Si eres un tipo de personalidad cuatro, entonces valoras el individualismo y la autoexpresión personal. Te encanta ver a alguien compartir auténticamente sus sentimientos, pero notas que a veces puedes ser realmente cálido y acogedor, mientras que en otras ocasiones puedes sentirte seco y frio con las personas. Un día puede estar extasiado y poco después sumergirte en la depresión. La envidia y los celos a menudo se apoderan de ti a pesar de que no te gusta admitirlo.

Como auto-mejorar:

Ese crítico interno que a menudo es tan ruidoso necesita ser domesticado y silenciado. La culpa internalizada no es nada saludable para ti, y requiere un cambio en tu percepción y en cómo procesas las emociones y situaciones negativas.

Aprende a decir tu verdad abiertamente sin perder el control de tus emociones. Encuentra una manera de equilibrar tu montaña rusa emocional para que puedas dejar de caer en el pozo de la desesperación y la depresión.

Tus Alas

El Ala Dos:

Regalos:

Algunos de los regalos que esta ala aporta al tipo individualista creativo e intenso incluyen, entre otros, los siguientes.

- El deseo de tener éxito y verse bien que proviene originalmente de esta ala te ayuda a ser real y resistirte a ser una reina o un rey del drama.

- También te ayuda a sentirte más obligado a expresarte de manera práctica, motivándote a ser un trabajo más activo, creativo y productivo que involucre e inspire a otros. En resumen, eres más capaz de equilibrar tu mundo interior y exterior.

Desafíos:

Algunos de los desafíos que esta ala trae al tipo creativo e individualista intenso incluyen, entre otros, los siguientes.

- Hay una tendencia a querer arreglar a los demás y al mundo externo en lugar de a ti mismo.
- Eres más propenso a la agitación y la depresión, ya que la presión continua para realizar y tener éxito se añade a tu tipo de personalidad melancólica.

El Ala Cinco:

Regalos:

Algunos de los regalos que esta ala aporta al tipo creativo e individualista intenso incluyen, entre otros, los siguientes.

- Tu tipo de personalidad altamente sensible, intuitiva y emocional se equilibra con la razón, la lógica y la observación objetiva.
- A medida que el pensamiento se fusiona con el sentimiento, te volverás menos impulsivo, dramático y más auto controlado.

Desafíos:

Algunos de los desafíos que esta ala trae al tipo creativo e individualista intenso incluyen, entre otros, los siguientes.

- Cuando tengas momentos difíciles o te sienta deprimido, lo más probable es que te aísles y oculte tus emociones a los demás.
- También podrías tener dificultades para conectarte con otros y sentirte marginado como algún tipo de alienígena alrededor de otros.

Tipo Cinco: El Observador también conocido como el Investigador

La personalidad del Observador, también conocida comúnmente como investigador, suele ser brillante, altamente intelectual, ansiosa por aprender continuamente y se siente más cómoda en el ámbito del pensamiento. Este tipo de persona tiende a ser muy independiente y disfruta de la soledad. A él o ella le gusta recopilar información y observar patrones a su alrededor tratando de hallar sentido a su entorno y mundo. Individuos como Albert Einstein, Nikola Tesla, Isaac Newton y Marie Curie son algunos ejemplos de personas de este tipo.

Algunas de las cualidades asociadas con los de tipo cinco son la innovación, autosuficiencia, aislamiento, son reservados, curiosos, perceptivos, académicas, tranquilos y callados. Son pensadores intensos e inteligentes y disfrutan atendiendo los asuntos de su mente en lugar de tratar de encajar en el mundo.

Al igual que los tipos basados en la mente, los de tipo cinco a menudo se aíslan de las relaciones, y muchos los consideran emocionalmente inexpresivos. Pero no todos ellos. Algunos de los cinco se preocupan por la familia y las relaciones, pero aun así

requieren mucho tiempo a solas para recrearse a sí mismas y perseguir sus pasiones. No es fácil darse cuenta de lo que sucede debajo del nivel de la superficie de alguien de este tipo cinco, y tienen una necesidad exagerada de privacidad.

La personalidad tipo cinco cae en el grupo del 'Centro de Pensamiento', lo que hace que el miedo sea uno de los temas negativos dominantes con los que tienen que lidiar. El miedo a la insuficiencia es una de las grandes batallas que deben superar los de tipo cinco cuando se trata de lidiar con el mundo externo, ya que se sienten incapaces de manejarlo activamente. Quizá es por eso que tienden a separarse de los demás y de sus propios sentimientos.

Los expertos dicen que a los cinco les gusta retraerse del mundo debido a su miedo inconsciente y la creencia de que al entrar en sus mentes y usar eso para penetrar en la naturaleza de nuestra sociedad, puedan relacionarse mejor con élla. Desafortunadamente, eso generalmente no funciona demasiado bien para ellos y en su temor de ser abrumados por personas o emociones, pueden parecer arrogantes y despectivos.

Si encajas con este tipo, entonces probablemente valores mucho el conocimiento y la educación continua, especialmente los temas que te interesan. Algunas personas piensan que eres demasiado intelectual y a veces puedes ser bastante literal, pero realmente no te importa.

Las pequeñas charlas y los chismes te molestan y prefieres la soledad. Tiendes a quedarte atrapado en tu cabeza y prefieres pasar tiempo con personas que te dan suficiente espacio para pensar las cosas. Te gusta ser minucioso en todo lo que haces, y disfruta mucho participar en conversaciones profundas y significativas. De hecho, cuando te apasiona algo, puedes hablar de ello con excelentes detalles técnicos durante mucho tiempo. Volver a conectar con las sensaciones y la energía dentro de tu cuerpo y corazón es una tarea difícil a pesar de que sabe que es bueno para ti y, sobre todo lo demás, la libertad personal y la autonomía te brindan un gran placer.

Como auto-mejorar:

Comienza aumentando la cantidad de tiempo que pasas reconectando con tu cuerpo y tus emociones. Tu capacidad de acceder a tu energía y a las percepciones espirituales superiores solo te harán más fuerte.

Crea un ambiente seguro para ti donde puedas embarcarte en esta búsqueda regularmente para que puedas fusionar tu fuerza intelectual con tu poder espiritual.

Pon un poco más de esfuerzo en las relaciones que te interesan.

Hazle saber a tus seres queridos que te preocupas por ellos y se más expresivo de tus emociones, aunque se siente un poco incómodo. Date permiso de "sentir" emociones como alegría, estar enamorado, gratitud, afecto, etc. Esto abrirá un canal para que otros viertan lo mismo en tu vida y te ayuden a lidiar con los sentimientos de soledad e insuficiencia que a veces resurgen.

Tus Alas

El Ala Dos:

Regalos:

Algunos de los regalos que esta ala aporta al tipo de experto silencioso incluyen, entre otros, los siguientes.

- Para una personalidad de tipo cinco, tendrás la capacidad inusual de conectar tu cerebro

derecho e izquierdo, lo que te vuelve tanto intuitivo como analítico.
- También te conectarás más profundamente en tus relaciones íntimas.

Desafíos:

Algunos de los desafíos que esta ala trae al tipo experto silencioso incluyen, entre otros, los siguientes.

- Podrías terminar alejándote aún más del mundo material y perderte en fantasías de la mente.
- Esta ala podría traer consigo una sensación amplificada de ser mal entendido y sentir que nadie "te comprende". Esto podría conducir a trastornos del estado de ánimo e incluso depresión.

El Ala Seis:

Regalos:

Algunos de los regalos que esta ala le brinda al experto silencioso incluyen, entre otros, los siguientes.

- Tendrás la capacidad de conectarte más profundamente con grupos o equipos en los que confíes.
- Esta ala trae consigo el valor y la asertividad del de tipo seis, que te puede ser muy útil al lidiar con la vida cotidiana.

Desafíos:

Algunos de los desafíos que esta ala trae al experto silencioso incluyen, entre otros, los siguientes.

- Existe una tendencia a ser muy indeciso y temeroso, lo que puede hacer que dudes en involucrarte en nuevos proyectos o con nuevas personas.
- Un aumento del escepticismo que provenga originalmente de esta ala puede tener una influencia muy negativa en tu personalidad central, lo que hace que estés aún más retraído y aislado de los demás.

Tipo Seis: El que Duda también conocido como el Escéptico Leal

Una personalidad de tipo seis siempre está alerta y muy consciente de su entorno y sus responsabilidades. Conocer las reglas y proteger a los que están bajo su cuidado es muy importante para los seises. Son muy confiables y valoran estar allí para las personas que les importan. Desafortunadamente, tienden a sentirse en conflicto entre confiar y desconfiar de los demás. A menudo rebotan entre el escepticismo y la certeza con una tendencia a dudar de sí mismos y cuestionar a los demás.

Son personas muy sobrias y toman la resolución de problemas bastante en serio, a un punto en que se convierte en una carga para ellos. La preocupación y la ansiedad son emociones predominantes para un seis. Este tipo de tranquilidad es siempre deficiente y, por lo general, luchan contra una profunda sensación de inseguridad. Si necesitas una idea de las celebridades que podrían clasificarse como individuos del tipo seis, piensa en Ellen DeGeneres, Tom Hanks y Richard Nixon.

Algunas de las cualidades de carácter asociadas a alguien de tipo seis incluyen la confiabilidad, responsabilidad, compromiso, lealtad, y ser fidedigno.

Los seis también caen en el 'Centro de Pensamiento', haciendo que el miedo (que a menudo aparece como preocupación y ansiedad) sea el tema emocional más dominante a tener en cuenta.

Cuando un tipo seis personalmente no hace una revisión de su miedo, tiende a sospechar mucho de todo.

Los niveles de estrés son siempre altos para un seis y la preocupación parece ser un compañero constante, ya que su perspectiva de la vida es a menudo bastante negativa. Se detendrán más en lo negativo que en lo positivo ante cualquier situación dada.

Si eres un tipo seis, entonces tiendes a prestar mucha atención a las personas y los problemas. Eres realmente bueno para anticipar problemas y creando soluciones, y tiendes a que no te guste la ambigüedad en los demás. Pero es posible que te haya dado cuenta que puede volverte muy pesimista, dudoso e incluso proyectas algunos de tus miedos en otras personas. A veces te gusta jugar al abogado del diablo. A medida que creces, es cada vez más importante superar la desconexión de la mente y el cuerpo, y aunque seas cauteloso (tal vez incluso fóbico), también demuestras mucho valor mientras intentas avanzar incluso cuando el miedo te afecta.

Como auto-mejorar:

Encuentra maneras de lidiar con los efectos paralizantes del miedo en tu vida y mejora al enfrentarlo directamente. Pide ayuda y apoyo a un experto o a algún amigo de confianza.

Aprende a tomar las cosas con un corazón ligero.

Reconéctate más con tu cuerpo y tus sentimientos, y crea un espacio seguro desde donde hacer esto para que tus procesos mentales puedan relajarse y ayudarte en este nuevo experimento. Cuanto más cómodo y seguro te sientas mentalmente, más rápida y agradable será la conexión mente-cuerpo.

Tus Alas

El Ala Cinco:

Regalos:

Algunos de los regalos que esta ala aporta al tipo escéptico y leal incluyen, entre otros, los siguientes.

- Esta ala te ayuda a tomar decisiones más razonables y sensatas. También te hace de mente abierta y capaz de asimilar múltiples perspectivas.
- También experimentarás un sentido más profundo de confianza interna y en ti mismo

como observador y autoridad en tu enfoque de interés. Esto ayuda a erradicar esa necesidad de buscar la validación de otros.

Desafíos:

Algunos de los desafíos que esta ala trae al tipo escéptico y leal incluyen, entre otros, los siguientes.

- Esta ala puede amplificar tus temores y ansiedad, o cualquier sensación de insuficiencia que puedas tener.
- Puedes notar una tendencia a estar demasiado atascado en tu cabeza, y una alineación insuficiente con tus sentimientos.

El Ala Siete:

Regalos:

Algunos de los regalos que esta ala aporta al tipo escéptico y leal incluyen, entre otros, los siguientes.

- El regalo de recibir esta ala es que te vuelves más optimista. Empiezas a ver mejor y te vuelves menos propenso a imaginar lo peor de las personas y del mundo en general.
- Puedes notar un cambio dentro y fuera de

cómo te acercas a los demás, qué tan juguetón, alegre y entusiasta te sientes. Incluso es posible tomar conciencia y hasta reírte de tus propios miedos al detectarlos.

Desafíos:

Algunos de los desafíos que esta ala trae al tipo escéptico y leal incluyen, entre otros, los siguientes.

- La tendencia común de sentir miedo y de evitar el dolor a toda costa será amplificada por esta a la. Esto podría llevarte a buscar todo tipo de distracciones no saludables, o retirarte aún más de la vida.
- Puedes comenzar a evitar enfrentar problemas que requieren tu atención y buscar una escapatoria en su lugar.

Tipo Siete: El Soñador también conocido como el Entusiasta

El soñador es espontáneo, un verdadero buscador de placer y le encanta vivir la vida al máximo.

Divertirse es la principal prioridad de este tipo de personalidad, y siempre están buscando atrapar la próxima aventura emocionante que está a la vuelta de la esquina. También llamados entusiastas o epicúreos, los de tipo siete son individuos que se basan en la mente, son pensadores visionarios y no soportan estar limitados a hacer solo una cosa. Creen en posibilidades ilimitadas, y muestran su variedad de pasiones e intereses. Piensa en individuos como Steve Jobs, Robert Downey Jr., George Clooney y Elton John. Creemos que definitivamente caerían en este tipo de personalidad.

Algunas de las principales cualidades atribuidas a aquellos de este tipo de personalidad incluyen el entusiasmo, la espontaneidad, el ingenioso, aventurero, optimista, divertido y emocionante.

Algunos de tipo sietes son extrovertidos, aunque no todos y, en general, son excelentes comunicadores. Desafortunadamente, son del tipo mental, y forman parte del "Centro de Pensamiento", lo que hace que el tema emocional dominante del miedo sea su obstáculo más importante para superar. Y aparece para un tipo siete en forma de evitar el dolor.

Como un buscador de placer, un tipo siete hará cualquier cosa para evitar el dolor y, a veces, busca distracciones que se convierten en una indulgencia excesiva. Pero racionalizan y justifican esta tendencia a la baja solo para evitar el sufrimiento.

Además, dado que siguen cambiando a la próxima gran cosa con tanta frecuencia, los sietes tienden a estar muy dispersos, lo que les dificulta sumergirse profundamente en una sola idea o mantener el rumbo en las relaciones y en el trabajo. Una verdadera devoción es difícil para un siete porque él o ella es un creyente hacia una "próxima gran emoción" futurista que hace que sea difícil reducir su visión y centrarse de todo corazón en una cosa.

Por lo general, se los conoce como "grandes habladores" y son propensos a la adicción y la sobre estimulación, que, según el tipo de cuerpo, puede ser a través del abuso de sustancias, juegos de azar, compras, búsqueda de aventuras u otras adicciones.

Si eres una persona de tipo siete, entonces eres muy ingenioso y te gusta pensar rápido y cambiar las cosas cuando sea necesario. La multitarea es fácil para ti y odias la sensación de constricción.

La diversión tiene que estar en todo lo que haces porque es quien eres. Definitivamente eres un ser humano de múltiples pasiones, por lo que la idea comúnmente predicada de encontrar tu "única cosa" no tiene sentido para ti. Te encanta aprender cosas nuevas y abordar la vida con un optimismo que otros admiran genuinamente.

Sin embargo, realmente no te importa "mantener el prestigio" o impresionar a la gente. Solo te importa hacer lo tuyo y tener un momento épico mientras lo haces. Puedes recuperarse de las emociones y situaciones negativas muy rápidamente. En el fondo, sin embargo, te has dado cuenta de que no puedes soportar la experiencia del dolor y te asusta. Los estados mentales negativos, la depresión y el sufrimiento, ya sea propio o ajeno, son insoportables. La introspección no es algo que disfrutes, y atraviesas ciclos de ansiedad y desesperación que te llevan a buscar remedios a toda costa.

Como auto-mejorar:

Crea una estructura de apoyo segura que te permita enfrentar tu dolor, pérdida, privación o cualquier otro sufrimiento que hayas estado evitando. Aprende a abrazar y a reconectarte con tu mundo interior.

Estate más presente en el momento y encuentra tu paz mental y tranquilidad sin el uso de estimulantes. No digo que vaya a ser fácil, pero puedes hacerlo.

Con tu nivel de inteligencia, ingenio, creatividad, fuerza natural y optimismo, puede obtener la verdadera libertad y disfrutar de ser el ser humano expansivo y aventurero que estabas destinado a ser mientras sin dejar de permanecer enraizado en tu verdadero ser.

Tus Alas

El Ala Seis:

Regalos:

Algunos de los regalos que esta ala trae al entusiasta incluyen, entre otros, los siguientes.

- Esta ala trae consigo la capacidad de estar más enraizado y presente como un siete, lo que te hace trabajar y conectarte con los demás de una manera más consciente y alerta.
- También experimentarás un nuevo sentido de compromiso hacia el curso de acción elegido, lo que te permitirá explorar las cosas a mayor profundidad. Crea una sensación de seriedad y asienta tu deseo de libertad ilimitada.

Desafíos:

Algunos de los desafíos que esta ala podría traer al entusiasta incluyen, entre otros, los siguientes.

- Un mayor sentido del deber podría comenzar a sentirse potencialmente como una carga.
- Tus temores subyacentes pueden parecer amplificados, la duda puede aumentar, y podrías terminar sintiéndote culpable cuando actúas de manera irresponsable o sin preocupaciones.

El Ala Ocho:

Regalos:

Algunos de los regalos que esta ala trae al entusiasta incluyen, entre otros, los siguientes.

- Al inclinarte más para acceder a las cualidades de esta ala, te volverás más asertivo y volverás a tu poder real de una manera más sólida.
- Desarrollarás resistencia y, al hacerlo, tendrás menos miedo de lastimarte.

Desafíos:

Algunos de los desafíos que esta ala trae al entusiasta incluyen, entre otros, los siguientes.

- El impulso insaciable que a menudo se lleva como una característica común de esta ala puede no funcionar demasiado bien para ti. Si tus deseos egoístas se combinan con una necesidad de satisfacción inmediata, entonces podrías correr el riesgo de ir demasiado lejos a fin de obtener placer y ganancia. Incluso si eso significa aprovecharte de los demás para obtener lo que quieres.
- Podrías ser más absorto de ti mismo y menospreciar a los demás, llegándolos a tratar con aires de superioridad.

Tipo Ocho: El Retador también conocido como el Líder

La mejor declaración para resumir este tipo de personalidad es "Soy el maestro de mi destino. Soy el capitán de mi alma". De hecho, este tipo de personalidad cree en tomar el control total de sus vidas y ser percibido como el líder y protector poderoso y activo. La justicia, la equidad y la independencia son de gran valor para un tipo ocho. Si se les hace daño, lucharán con venganza.

Los de tipo ocho están basados en el cuerpo que les

da un apetito físico fuerte e instintos poderosos. Son audaces, activos en la toma de decisiones, les encanta ser independientes y son personas muy intensas. Una persona tipificada como un ocho generalmente deseará una gran vida, y él o ella estarán listos y dispuestos a salir y luchar por ese deseo. En nuestro mundo moderno, individuos como Donald Trump, Denzel Washington probablemente caerían en este tipo de personalidad. Es probable que Napoleón Bonaparte, Julio César, y Winston Churchill también se cataloguen como ochos.

Algunas de las cualidades atribuidas a un tipo ocho incluyen, autoconfianza, valor, obstinación, decisión, poder, audacia, generosidad y dominación.

Los de tipo ocho pueden ser difíciles de lidiar a veces, especialmente si sus personalidades se desarrollan de manera poco saludable. Están agrupados en el 'Centro Instintivo', lo que hace que su emoción a tener en cuenta sea el enojo. Los de tipo ocho realmente saben cómo enojarse. Son muy rápidos para enojarse cuando no se salen con la suya, o las cosas salen mal. Y en el caso de no checar su enojo o sus rasgos de personalidad poco saludables, ese enojo puede convertirse rápidamente en ira y en violencia física.

Producen mucha energía, lo que les permite abordar los desafíos con la actitud mental y física correcta. Lo único que un ocho no puede soportar es un sentimiento de debilidad. La vulnerabilidad (basada en cómo la sociedad lo define) también es algo que un tipo ocho evitaría y eso hace que tener una relación profunda e íntima con el tipo ocho sea difícil.

Incluso en sus relaciones íntimas todavía necesitan sentirse en control y poderosos. Cuando se trata de proteger a su familia, amigos y personas bajo su cuidado, los ochos son agresivos. Irán hasta los confines de la tierra y harán lo que sea necesario para cumplir la misión.

Si eres una personalidad tipo ocho, entonces habrás notado una tendencia dentro de ti a ser excesivo. Algunos te llaman mandón, aunque no entiendes por qué. Lo ves como ser alguien firme, enfocado, claro, asertivo y llevar a otros a la victoria.

La ociosidad, la debilidad, la timidez son todas las cosas que no puedes soportar en ti mismo y en los demás, y prefieres cuando las personas son directas y seguras cuando te hablan. Cuando eres provocado, puedes indignarte, y tiendes a tener una actitud vengativa hacia las personas. Pero siempre mantienes una mente abierta; una mentalidad positiva y tienes una gran cantidad de energía para compartir con el mundo. Ser controlado por cualquier organización, persona o sistema es simplemente inaceptable para ti, y prefieres determinar tus propios altos estándares y ejecutarlos para obtenerlos.

Como auto-mejorar:

Tienes mucha energía Probablemente el más enérgico de los nueve tipos, lo que significa que necesitas dirigir esa energía de manera constructiva. Incorpora un poco de autocontrol en tu vida y no permitas que la ira y la agresión sigan siendo tu reacción automática solo porque es un hábito cómodo.

Redefine lo que significa la vulnerabilidad para ti y aprende a recibir amor y afecto. Si necesitas ayuda y apoyo personal, solicita ayuda de alguien de confianza o contrata a un experto. Esta no es una forma de debilidad. No te quedes atrapado en esa falsa creencia. El mejorarse es una forma de fortaleza y te permite convertirte en un mejor líder y protector.

Tus Alas

El Ala Siete:

Regalos:

Algunos de los regalos que esta ala aporta al controlador activo incluyen, entre otros, los siguientes.

- Aprovechar los regalos de esta ala te calmará, aumentará tu felicidad y te ayudará a moverte por la vida con más entusiasmo. Te da un corazón ligero y disuelve parte de esa crueldad que a menudo gobierna tu vida.
- En lugar de ser un lobo solitario tratando de hacerlo todo por tu cuenta, comenzarás a valorar el conectarte con otras personas, intercambiar ideas, expresar tus pensamientos y representar tus fantasías de una manera más armoniosa.

Desafíos:

Algunos de los desafíos que esta ala podría traer al tipo de controlador activo incluyen, entre otros, los siguientes:

- La influencia que esta ala pueda tener en ti podría hacerte propenso a las adicciones y a la indulgencia excesiva.
- También puede volverte demasiado absorto

en ti mismo, imprudente y menos reflexivo sobre las consecuencias de tus acciones.

El Ala Nueve:

Regalos:

Algunos de los regalos que esta ala aporta al tipo de controlador activo incluyen, entre otros, los siguientes.

- Uno de los principales regalos que esta ala podría aportar a tu tendencia central de personalidad de ser impulsivo y autónomo es un renovado sentido de unidad, equilibrio y estar un poco más relajado sobre las cosas.
- Te volverás más tranquilo, receptivo a los demás y, en lugar de forzar las cosas para que sucedan, te sentirás más tranquilo con solo dejar que las cosas se desarrollen naturalmente.

Desafíos:

Algunos de los desafíos que esta ala trae al tipo de controlador activo incluyen, entre otros, los siguientes:

- La influencia del ala nueve podría llevar a una acumulación de tensión ante una mayor necesidad de retirarse de las personas y las tareas, pero luego sentirte culpable y juzgarte a ti mismo por hacerlo.
- Podrías caer en la trampa de trabajar demasiado hasta el punto de sacrificarte y descuidarte de forma poco saludable.

Tipo Nueve: El Pacificador también conocido como el Diplomático

La personalidad tipo nueve generalmente se le conoce como "ir con la corriente" en la vida. Valoran la armonía, la paz y el equilibrio por encima de todo lo demás y hacen todo lo posible para evitar conflictos y rivalidades. Individuos como el Dalai Lama, la Reina Isabel II, Abraham Lincoln, y Grace Kelly son excelentes ejemplos de personas de este tipo de personalidad.

Algunas de las cualidades esenciales asociadas con este tipo de personalidad incluyen tolerancia, robustez, confiabilidad, firmeza, calma y buena voluntad.

Los nueves son tipos basados en el cuerpo que les encanta llevarse bien con todos y son bastante impresionantes por su naturaleza amable y cálida.

Los nueves tienen una alta tolerancia y, por lo general, adoptan un enfoque optimista para cada situación. Les gusta ver lo mejor en los demás y tienen una fuerte fe en que las cosas siempre funcionarán de la mejor manera. Creen en un universo amigable y quieren mantener una mente y un corazón abiertos tanto como sea posible.

Están agrupados en el 'Centro Instintivo' haciendo de la ira su tema emocional dominante a tener en cuenta. Toda esa calma puede convertirse en algo oscuro y poco saludable si no se controla. Y ocurre principalmente en la forma de emociones reprimidas y negadas.

Debido al deseo inherente de ser un pacificador en el mundo, un nueve generalmente niega las emociones amenazantes de ira que surgen de vez en cuando. Están fuera de contacto con sus impulsos instintivos y emociones dominantes dentro de este grupo. La necesidad de evitar el conflicto a toda costa (incluyendo el conflicto interno) hace que pasen por alto sus sentimientos ocultos desagradables. Un nueve también es propenso a la inacción y la dilación, especialmente cuando él o ella siente emociones desagradables.

Si eres una personalidad tipo nueve, entonces

valoras conectarte profundamente con el mundo y aquellos que te importan. Tiendes a adoptar un enfoque conservador hacia el cambio y, a veces, luchas con la falta de motivación. Estar en la naturaleza te da la sensación más satisfactoria; es donde más te sientes en casa.

La gente te considera cálido, cariñoso, confiable y atento. Sin embargo, esta tendencia al auto-sacrificio conlleva algunas desventajas significativas que no te gusta enfrentar, ya que provoca molestias. Puedes notar que las personas comienzan a darte por sentado o subestimar todo lo que haces por ellos, y puede ser muy desalentador. Tienes una tendencia a "olvidarte de ti mismo", ya que te fusionas fácilmente con otros, lo que hace que sea muy difícil crear límites personales.

Como auto-mejorar:

Desafíate a tomar más riesgos en la vida. Crea un espacio seguro en tu vida donde puedas entrenarte para integrar la armonía y el conflicto, para que puedas dejar de evitarlos todo el tiempo.

Presta más atención a tus propias necesidades y aprende a establecer límites claros. Vuelve a conectarte con tus emociones y abraza la incomodidad del conflicto o la ira que aparece dentro de ti para que puedas enfrentarla con valentía. Busca liberar en lugar de suprimir las emociones negativas que aparecen. Date tiempo y espacio para procesar todos tus sentimientos.

Se más estructurado y estratégico con tus principales prioridades. Si organizarse es un problema, pide ayuda o adquiere una de las varias herramientas modernas para ayudarte a priorizar mejor las actividades día a día.

Tus Alas

El Ala Ocho:

Regalos:

Algunos de los regalos que esta ala aporta al pacificador y el que se adapta incluyen, entre otros, los siguientes.

- La influencia positiva que esta ala trae a tu personalidad central, como pacificador es que estarás más en contacto con tu poder, independencia y autoridad.
- Te volverás más audaz, confiado, influyente y capaz de hablar y expresar tu verdad.

Desafíos:

Algunos de los desafíos que esta ala trae al pacificador adaptativo incluyen, entre otros, los siguientes:

- Hay una tendencia a desviarte de tu camino correcto cuando estás bajo la influencia de esta ala y puedes buscar placer en lugar de deseos genuinos y las necesidades de tu ser real.
- También puede experimentar mucha agresión explosiva, rebeldía e ira, especialmente si ha habido problemas no resueltos con la autoridad en el pasado.

El Ala Uno:

Regalos:

Algunos de los regalos que esta ala aporta al pacificador y al que se adapta incluyen, entre otros, los siguientes.

- Tu enfoque relajado y sencillo se actualizará una vez que accedas a este ala. Te ayudará a crear una estructura alrededor de tu vida y actividades. Desarrollarás una perspectiva más centrada y llevarás una vida basada en principios.

- Te sentirás lo suficientemente fortalecido como para involucrarte más activamente en cambiar las cosas que van mal en lugar de aceptar la disfunción como la forma de vida estándar. Estarás más orientado a la acción, pero vendrá de un lugar de propósito y certeza.

Desafíos:

Algunos de los desafíos que esta ala trae al pacificador y al que se adapta incluyen, entre otros, los siguientes:

- La creciente necesidad de hacer lo correcto y hacer que el mundo sea perfecto puede conducir a una mayor dilación y distracción. El miedo a no hacerlo bien podría convertirse en un gran obstáculo.
- Puedes quedar atrapado en la trampa de hacer lo que "deberías hacer" o lo que se espera de ti en lugar de hacer lo que realmente quieres hacer.

SECCIÓN III. INSTINTOS, SUBTIPOS Y VARIANTES DENTRO DEL ENEAGRAMA DE LA PERSONALIDAD

PROFUNDIZANDO MAS SOBRE QUIÉN ERES EN REALIDAD

Al igual que los animales, nosotros como seres humanos tenemos instintos naturales conectados biológicamente que nos ayudan a navegar por la vida. Nuestra evolución nos ha obligado a desarrollar estrategias que nos permitan sobrevivir y extender el reinado de nuestra especie. Lo que hace el Eneagrama de la personalidad es facilitar una mejor comprensión de las estrategias instintivas que hemos desarrollado como seres humanos, y nos muestra las diversas formas en que está afectando nuestro comportamiento. Esto es más que solo conocer tu tipo de personalidad; se trata de tirar de la cortina de las influencias que te llevan a comportarte como lo haces.

Los maestros del Eneagrama tienen tres instintos

humanos básicos, y de estos tres, vemos una disección detallada de cómo estos instintos interactúan y se combinan con los nueve tipos de personalidad para formar lo que algunos maestros generalmente denominan los 27 subtipos. Estos son:

- Instinto de auto conservación.
- Instinto social.
- Instinto sexual.

Los tres instintos están dentro de nosotros y están detrás de nuestras estrategias de vida, que a menudo nos gobiernan inconscientemente. Si bien estos tres están siempre presentes, uno tiende a ser más dominante, y tendemos a las prioridades y desarrollamos ese impulso particular, mientras que los otros tienden a ser menos dominantes. Y debido a que no consideramos prioritario mejorar al menos dominante, tiende a convertirse en nuestro punto ciego.

Piensa en estos tres instintos como lo harías con las capas de un pastel. En la parte superior tenemos el más controlador, en el medio, tenemos el segundo que sostiene al predominante, y en la parte inferior, tenemos el instinto menos desarrollado.

De nuevo, encontramos algunos conflictos, incluso

aquí, con algunas escuelas que afirman que no deberían denominarse subtipos, mientras que otras enseñan que en realidad son subtipos del sistema de los nueve puntos. De cualquier manera, la etiqueta no nos importa. Solo nos preocupamos en cómo esto puede ayudarnos a comprender mejor quiénes somos y por qué nos comportamos como lo hacemos. El instinto primario con el que nos identificamos, combinado con nuestro tipo de personalidad según el Eneagrama, nos ayuda a darle forma a nuestro camino en la vida y las elecciones que hacemos.

Dado que ese es nuestro enfoque principal, nos sumergiremos en cada una de las veintisiete combinaciones después de una breve comprensión de lo que implica cada instinto.

Instinto de auto conservación:

La necesidad de preservar nuestro cuerpo y su fuerza vital. Mantenerse alejado de las amenazas. Esto incluye nuestras necesidades humanas básicas de alimentación, vivienda, ropa, calidez y relaciones familiares.

Este instinto está muy centrado en el bienestar físico, la seguridad, la seguridad material y la comodidad diaria. Siempre que nuestras necesidades básicas se sientan amenazadas por el medio ambiente, podemos recurrir al acaparamiento de recursos y energía para conservar lo que tenemos como resultado de la amenaza externa. Podemos considerar esto como los instintos primarios básicos que todas las criaturas poseen también. El impulso de sobrevivir y mantenernos a nosotros mismos.

Instinto Social:

Este instinto Social también se le conoce como instinto "adaptativo".

Es la necesidad de llevarse bien con los demás y formar lazos sociales seguros. Se trata de crear un sentido de pertenencia a tu alrededor.

Estamos viendo esto mucho en las redes sociales el día de hoy con membresías y comunidades apareciendo donde personas de ideas afines (que sienten la necesidad de pertenecer) se reúnen. Se trata de enfocar la energía en trabajar hacia propósitos compartidos, o para el bien común.

Este instinto tiene mucho que ver con ser parte de algo que resuena contigo donde te sientes seguro, escuchado y valorado dentro de ese grupo y comunidad.

Instinto Sexual:

El instinto Sexual también se llama instinto de "atracción".

Es la necesidad universal de procrear y transmitir nuestros genes para continuar la raza humana generación tras generación. Gobierna nuestra sexualidad, intimidad y las amistades cercanas que atesoramos.

Este instinto también se trata de dirigir la vitalidad de la fuerza vital dentro de nuestros cuerpos. Se centra en la intensidad y la pasión contenida en las experiencias y las relaciones uno a uno, lo que nos hace buscar oportunidades que prometen fuertes alianzas, sinergias y conexiones profundas.

Este instinto a menudo se limita a la intimidad sexual, pero está destinado a ser mucho más que eso. Definitivamente se trata de proyectarse en el entorno y experimentar relaciones íntimas que sean placenteras y extiendan tu ADN, pero también puede tratarse de transmitir ideas que te ayuden a crear un legado que continúe mucho más allá de tu alcance físico.

Cuando superponemos estos tres instintos de comportamiento humano con todo lo que hemos discutido hasta ahora, el resultado final es una combinación de veintisiete subtipos que te ayudan a relacionarte con tu personalidad. El conjunto de combinaciones que se incluye en nuestro tipo de personalidad más dominante nos ayuda a conectarnos con las complejidades de nuestro comportamiento y preferencias cotidianas.

"Estos instintos se relacionan con la inteligencia instintiva fundamental que se desarrolla dentro de cada uno de nosotros para garantizar nuestra supervivencia como individuos y como especie humana.

Los avances recientes en la investigación en neurociencia han confirmado la forma fuerte y a menudo invisible de estos instintos en la sociedad moderna, por ejemplo, cómo una amenaza percibida para el estatus sociall puede desencadenar una reacción primaria de lucha o huida ".

(27 subtipos integrativos de 9 soluciones de Eneagrama -https: //www.integrative9.com/enneagram/27-subtypes/)

Instinto de Auto conservación	Instinto Social	Instinto Sexual
La necesidad de preservar nuestro cuerpo y su fuerza vital. Mantenerse alejado de las amenazas. Esto incluye nuestras necesidades humanas básicas de alimentación, vivienda, ropa, calidez y relaciones familiares.	La necesidad de llevarnos con otros y formar lazos sociales seguros. Se trata de crear un sentido de pertenencia	La necesidad universal de procrearse y de mantener a la raza humana de generación en generación. Gobierna nuestra sexualidad, intimidad, y las amistades cercanas que atesoramos, además de nuestro legado.
Tipo 1: El Perfeccionista / Reformador	**Tipo 1: El Perfeccionista / Reformador**	**Tipo 1: El Perfeccionista/ Reformador**
*Ansiedad	*No-adaptable	*Celos
Tipo 2: El Dador / Ayudador	**Tipo 2: El Dador / Ayudador**	**Tipo 2: El Dador / Ayudador**
*Privilegio	*Ambición	*Seducción o Agresión
Tipo 3: El Triunfador / Ejecutante	**Tipo 3: El Triunfador / Ejecutante**	**Tipo 3: El Triunfador / Ejecutante**
*Seguridad	*Prestigio	*Carisma
Tipo 4: El Romántico / Individualista	**Tipo 4: El Romántico / Individualista**	**Tipo 4: El Romántico/ Individualista**
*Audacia	*Vergüenza	*Competencia
Tipo 5: El Observador / Investigador	**Tipo 5: El Observador / Investigador**	**Tipo 5: El Observador / Investigador**
*Castillo	*Símbolos	*Confidente
Tipo 6: El Leal / Dudoso	**Tipo 6: El Leal/ Dudoso**	**Tipo 6: El Leal/ Dudoso**
*Calidez	*Deber	*Guerrero
Tipo 7: El Entusiasta / Soñador	**Tipo 7: El Entusiasta / Soñador**	**Tipo 7: El Entusiasta / Soñador**
*Red de personas	*Sacrificio	*Fascinación
Tipo 8: El Retador / Líder	**Tipo 8: El Retador / Líder**	**Tipo 8: El Retador / Líder**
*Supervivencia	*Amistad	*Posesividad
Tipo 9: El Pacificador / Diplomático	**Tipo 9: El Pacificador / Diplomático**	**Tipo 9: El Pacificador / Diplomático**
*Buen Apetito	*Participación	*Fusión

El impulso fundamental del individuo se proyectará como Ansiedad.

Este es el perfeccionista que constantemente se preocupa y busca controlar todo. Su ansiedad les hace tratar de anticipar riesgos constantemente, y les gusta estar muy preparados para todo. La atención al detalle es probablemente un eufemismo para ellos. Suelen ser muy duros con ellos mismos y se toman las cosas con bastante seriedad.

Este subtipo prefiere evitar expresar enojo incluso si lo sienten y, a menudo, experimentarán y demostrarán una gran frustración cuando son interrumpidos. El subtipo de tipo uno tiene una crítica interna muy fuerte y tiende a amplificar su preocupación y ansiedad.

- Instinto social:

El impulso fundamental del individuo en asunto se proyectará como No- adaptabilidad.

La equidad y hacer las cosas bien motivan este subtipo. Son pensadores sistemáticos, establecen altos estándares para sí mismos y para los demás y les gusta ser un ejemplo de integridad y conducta basada en principios.

Practican mucho el autocontrol y pueden ser bastante amigables mientras estén en su propia zona de confort. Porque son tan lineales y ven todo en blanco y negro; bien o mal, puede ser difícil adaptarse a un nuevo entorno o situación. También pueden volverse muy resentidos y críticos con aquellos que no se ajustan a su idea de lo correcto.

- **Instinto sexual:**

El impulso fundamental del individuo en asunto se proyectará como Celos.

Este subtipo será altamente cargado, apasionado y mantendrá altos estándares de autocontrol. Tienen una visión idealista de cómo deberían de ser las cosas y tienden a querer reformar a los demás y hacer que encajen en "lo correcto".

La ira y el enojo serán expresadas directamente por aquellos que caen en este subtipo, principalmente si sus esfuerzos por mejorar a los demás están restringidos. También priorizan mantener la atención de su pareja y, por lo general, se ponen muy celosos de su pareja, o cuando tratan con otro que parecen estar mejor.

1. Tipo de Personalidad Dos: El Dador también conocido como el Ayudador

- Instinto de auto conservación:

El impulso fundamental del individuo en asunto se proyectará como Privilegio.

Este tipo dos se siente privilegiado y único de alguna manera porque él o ella invierten mucho en la creación de relaciones cálidas y enriquecedoras. Pasan mucho tiempo cuidando y apoyando a otros. Como tal, existe una tendencia a convertirse en autoritario e incluso a desarrollar una actitud orgullosa que exige privilegios especiales y aprobación como resultado del cuidado.

Son "lindos" con un espíritu infantil muy activado. A este tipo dos le gusta que lo cuiden, pero no le gustan demasiado los compromisos a largo plazo. El miedo al rechazo es un gran problema para este subtipo, y pueden experimentar mucho dolor y abandono cuando no se satisfacen sus necesidades.

- Instinto social:

El impulso fundamental del individuo en asunto se proyectará como Ambición.

Formar las alianzas correctas y tener grandes aliados es esencial para este subtipo porque les gusta construir su autoestima a través de logros visibles y aprobación social.

Este tipo dos utilizará sus poderes de seducción de manera más intelectual para sintonizarse con las necesidades de los demás y crear un papel central y casi indispensable dentro de la organización, comunidad o sistema más amplio. Les gusta destacar entre la multitud y disfrutar de asumir roles de liderazgo. Disfrutan de "ser encendidos" y desarrollan su influencia en función de las conexiones que forman, así como de sus competencias.

Aquellos en este subtipo no demuestran activamente un espíritu infantil (al menos no tanto como los otros de tipo dos) y tienden a tener una estrategia de dar más de lo que reciben. Buscar reconocimiento a través de la ambición es más pronunciado en este tipo de personalidad dos.

- **Instinto sexual:**

El impulso fundamental del individuo en asunto se proyectará como Seducción y/o Agresión.

Este tipo dos enfocará todas sus energías y habilidades seductoras para formar y nutrir relaciones poderosas e íntimas.

Este tipo de persona es apasionada, resistente, de carácter fuerte y, a veces, puede considerarse salvaje de corazón. Son muy devotos en sus relaciones personales, y no les gusta aceptar un no por respuesta.

Este tipo dos usa la seducción, que puede llegar a convertirse en agresión si se le presiona, para obtener la atención y el reconocimiento deseados.

Aunque les gusta usar el lenguaje corporal y los tonos de sentimientos puedan parecer seductores, no necesariamente implica deseo sexual.

1. **El Triunfador también conocido como el Ejecutante.**

- **Instinto de auto conservación:**

El impulso fundamental del individuo en asunto se proyectará como Seguridad.

Esta variación de tipo tres está muy centrada en el logro y la creación de éxito material para sí mismo. Este tipo de persona evita ser visto como alguien orientado a la imagen, y no le gusta anunciar abiertamente sus puntos fuertes. Pero tener éxito y obtener reconocimiento por su arduo trabajo sigue siendo muy importante para ellos. El éxito financiero y la creación de una sensación de seguridad a su alrededor es una gran prioridad para este subtipo.

Trabajan muy duro y les gusta mantener altos estándares y la imagen correcta del éxito. Este subtipo tres tiene una gran cantidad de energía y tiende a lograr mucho.

El verdadero peligro para ellos es el hecho de que al perseguir todo ese éxito, a menudo pierden el contacto con su "yo" auténtico y son propensos a crear identidades falsas y valorarse a sí mismos en función de su rol laboral o estatus social.

- Instinto social:

El impulso fundamental del individuo en asunto se proyectará como Prestigio.

Esta variación de tipo tres está más interesada en ser validada y en recibir mucha aprobación social. Anhelan el poder, trabajan duro para "conocer a las personas adecuadas" y se centran mucho en obtener poderosos puestos de liderazgo en el gobierno o en los negocios.

El prestigio, los elogios y la influencia es lo que este subtipo buscará más, y él o ella generalmente se entrenarán para ajustarse a las normas y requisitos sociales de los equipos u organizaciones si les ayuda a ganar influencia y poder. Son altamente competitivos y les encanta estar en el centro de atención.

Este subtipo en particular no tendrá problemas para fomentar con confianza sus ideas y logros. A diferencia del primer tipo tres que preferiría no anunciar sus logros y éxitos, este subtipo realmente llegaría al extremo para dar a conocer los suyos. Y para encubrir cualquier cosa que no se alinee con esa "imagen de éxito perfecto".

- Instinto sexual:

El impulso fundamental del individuo en asunto se proyectará como Carisma.

El poder personal y la identificación de género, así como todos los problemas que surgen de eso, impulsan principalmente esta variación de tipo tres. La masculinidad y la feminidad les importan mucho. Tener la vida de una "estrella de cine", lo que significa tener esa imagen exterior perfecta es lo que sacude su mundo. También son muy entusiastas y carismáticos, lo que los hace muy agradables.

Ser atractivo para los demás como hombre o mujer es súper importante. Pero también disfrutan de apoyar a otros en su éxito y, a menudo, poseen esa actitud entusiasta: "si tienes éxito, entonces yo tengo éxito".

El mayor desafío para este subtipo a pesar de seguir siendo muy competitivo, carismático y poderoso en el exterior, es que aquellos que caen en el camino poco saludable de su subtipo, a menudo luchan en silencio con sentimientos de confusión sobre su sexualidad. Puede ser difícil lidiar con tales conflictos, ya que se hace un gran esfuerzo para aparecer como un artista poderoso.

1. **El Romántico también conocido como el Individualista**

- Instinto de auto conservación:

El impulso fundamental del individuo en asunto se proyectará como Audacia.

Esta variación de tipo cuatro, aunque todavía es muy sensible e idealista, expresará menos sus emociones. En cierto sentido, podríamos decir que son el menos dramático de los tres subtipos. Pero eso no significa que no experimenten esas emociones tumultuosas, solo quieren ser vistos como individuos que no se quejan.

La verdad es que este tipo de persona simplemente se ha entrenado para vivir con sufrimiento y dolor. Saben cómo internalizar las emociones negativas y prefieren ser lo suficientemente fuertes como para lidiar con lo que venga. Los hace menos propensos a abrirse y compartir sus sentimientos con los demás en comparación con los otros subtipos, pero eso no significa que les falte empatía. De hecho, se esfuerzan mucho por alcanzar y apoyar a quienes sufren a su alrededor.

Este subtipo es muy creativo y ansía experimentar una vida auténtica, incluso si eso significa ser un poco imprudente a veces. No tendrán problemas para empacar y mudarse a un entorno completamente nuevo si su detonante hacia la auto conservación los hace sentir como si una experiencia auténtica estuviera en otro lugar.

El mayor desafío para esta variación de tipo de personalidad es la tensión que a menudo se crea entre el deseo de construir seguridad material en sus vidas y al mismo tiempo permanecer completamente separado de todo.

- **Instinto social:**

El impulso fundamental del individuo en asunto se proyectará como Vergüenza.

Este subtipo es profundamente emocional y está muy en sintonía con su propia sensación de sufrimiento. Una persona de este subtipo realmente encontrará consuelo en el sufrimiento y expresándolo a los demás. Esto tiende a generar atención, apoyo, y a veces, admiración de los demás.

A menudo se sienten inadecuados en situaciones sociales y fácilmente envidian el estatus social de otras personas, o cuando se encuentran con aquellos que parecen haber encontrado un lugar al que "pertenecen". Un sentido de pertenencia realmente los impulsa, y se esfuerzan por establecer un rol social aceptable donde puedan ser escuchados mientras comparten su verdad.

Este subtipo no es competitivo en lo absoluto, pero tienen un gran deseo de ser entendidos y vistos por quienes realmente son. Su mayor problema es poder superar la vergüenza social que a menudo experimentan, y debido a que constantemente dudan de sí mismos y luchan con sentimientos de inferioridad, siempre hay un conflicto interno oculto. Una persona de este subtipo notará que el o ella tienen la tendencia de culpar a los demás, compararse con los demás, y luchar constantemente con una profunda vergüenza y envidia.

- Instinto sexual:

El impulso fundamental del individuo en asunto se proyectará como Competencia.

Si el subtipo anterior puede calificarse de vergonzoso, entonces esta variación de la personalidad puede llamarse 'descarada'.

Este subtipo es muy ruidoso y vocal acerca de satisfacer sus necesidades. Expresan sus emociones y deseos con mucho vigor. Es lo que yo llamo el clásico rey o reina del drama. Son súper exigentes y altamente competitivos. Debido a que creen en evaluarse a sí mismos en función de cómo se relacionan con otras personas, la competencia es una gran motivación para este subtipo, y harán cualquier cosa para vencer a la competencia.

Desafortunadamente, esta competitividad proviene de un lugar de inseguridad profundamente arraigada y sentimientos de insuficiencia. Los bloqueos y problemas personales siempre resurgen para este subtipo porque su sentido de valor está directamente relacionado con la capacidad de vencer a aquellos que consideran fuertes y poderosos.

1. **El Observador también conocido como el Investigador**

- Instinto de auto conservación:

El impulso fundamental del individuo en asunto se proyectará como El Castillo.

Esta variante de la personalidad está impulsada por la necesidad de ser muy protector con el lugar al que llaman hogar. Su espacio personal y privacidad están prohibidos, y no tienen problemas para establecer límites claros para todos. Disfrutan de vivir una vida cómoda y relativamente solitaria con solo unos pocos amigos cercanos.

Una persona de este subtipo prefiere sentarse y observar la vida social que participar activamente en ella. Son muy cautelosos e independientes, y optan por cortar la intimidad para no bajar la guardia y perder esa sensación de privacidad y seguridad.

Es esencial para este subtipo tener un refugio seguro donde puedan retirarse y refugiarse del mundo. Y debido a que también les gusta el aislamiento, tener suficientes insumos siempre es una preocupación para ellos, lo que a menudo lleva a acaparar y vivir un estilo de vida minimalista.

Sin embargo, algunos subtipos van al otro extremo y eligen hacer su 'castillo' donde sea que estén y terminan viajando para siempre o moviéndose de un lugar a otro. Tienden a ser introvertidos, aunque no todos, y prefieren no revelar gran parte de su mundo interior.

- **Instinto social:**

El impulso fundamental del individuo en asunto se proyectará como Símbolos.

Esta variación del tipo de personalidad es brillante y hambrienta de más conocimiento. Su enfoque principal es buscar significado y respuestas a las preguntas más importantes de la vida. Toman poco o nada de placer en lidiar con trivialidades diarias. Su hambre de dominio y comprensión de símbolos y lenguajes sagrados los lleva por caminos que los seres humanos ordinarios raramente atraviesan.

A este subtipo le encanta conectarse e involucrar a otras mentes brillantes y expertos que compartan sus ideas y ansían un mayor conocimiento y sabiduría. Desafortunadamente, a menudo se atascan demasiado en el pensamiento crítico, el análisis y la interpretación, lo que causa un obstáculo en su capacidad de participar activamente con los demás.

Una persona de este subtipo tenderá a ser muy privada, solitaria y tranquila, no dispuesta a compartir su espacio personal o recursos internos, pero al mismo tiempo, cuando se les pide hablar sobre un tema que le apasiona, la misma persona puede animarse mucho, hablar prolongadamente y con gran entusiasmo. Es casi como si pudieran pasar de ser completamente introvertidos a ser extrovertidos energéticamente con solo presionar un botón.

- Instinto Sexual:

El impulso fundamental del personaje aquí se proyectará en forma de El Confidencial

Esta variación de tipo cinco es la que más se relaciona con la persona y la conexión. A ellos también les encanta mantener las cosas confidenciales, pero con esta ligera alteración. Un confidente del subtipo cinco se abrirá y compartirá información íntima sobre su mundo interior y su estado de ánimo en una relación privada uno a uno. Pero solo para unos pocos elegidos que primero se someten a una serie de pruebas de lealtad.

Este subtipo posee los rasgos de carácter más geniales y analíticos y, aunque sigue siendo súper reservado y callado, una vez que encuentran esa "química compartida" con otro, se abrirán y disfrutarán de la confianza y la conexión que tal relación les permite.

El principal desafío con el que lucha este subtipo es la tensión creada entre conectarse profundamente con otra persona y la necesidad de preservar la autonomía.

1. **El que Duda también conocido como el Escéptico Leal.**

- Instinto de auto conservación:

El impulso fundamental del personaje aquí se proyectará como Calidez

Esta variación de tipo seis es muy afectuosa y cálida. Pero el miedo, la ansiedad y la inseguridad son muy pronunciados en ellos. Intentan superarlo formando fuertes relaciones y lazos que los ayuden a sentirse seguros.

A menudo encontrarás que un evento de la infancia pudo haber creado una gran cantidad de dolor suprimido, lo que hace que tengan mucho miedo de asumir riesgos o cometer errores. Como resultado, este subtipo preferirá reprimir sus emociones negativas, especialmente la ira, porque lo ven como una forma mejor y más cautelosa de lidiar con tales sentimientos, especialmente si creen que podría poner en peligro la calidez en una relación que realmente necesitan.

A una persona de este subtipo no le gusta sentirse "excluida" y lucha por compartir abiertamente sus opiniones. Él o ella prefiere permanecer dentro de límites bien establecidos, y la toma de riesgos no es fácil.

- **Instinto social:**

El impulso fundamental del personaje aquí se proyectará como Un Sentido del Deber

Esta variación de personalidad tipo seis está muy centrada y preocupada por cumplir con el deber propio. La integridad, la imparcialidad y la responsabilidad son muy importantes para quienes pertenecen a este subtipo. Creen en defender al "pequeño individuo" y defender a los débiles.

Este subtipo es altamente racional y dedicado a su trabajo, y elige seguir las reglas y procedimientos establecidos en su entorno. Tienden a ser más blancos y negros, se conectan a los ideales sociales y disfrutan trabajar por una causa mayor.

Una persona de este subtipo está muy preocupada por conocer las reglas y asegurarse de que todos entiendan su rol, creando con demasiada frecuencia acuerdos claros con colegas y amigos para evitar confusiones o disputas innecesarias. El gran desafío es el miedo al rechazo que a menudo se acumula, y el profundo sentido de responsabilidad que conlleva su propio deber, que puede convertirse en un llamado o una carga para ellos, dependiendo de cómo desarrollen su personalidad.

- Instinto sexual:

El impulso fundamental del personaje aquí se proyectará como El Guerrero.

Esta variante particular del tipo de personalidad tiene dos estilos. El primer estilo se basa en superar la corriente subterránea del miedo a través de la fuerza de voluntad y las hazañas de fuerza física y valentía. También se puede ver en ganar poder intelectual.

El segundo estilo se ve creando belleza en su entorno. Canalizando su idealismo y perspicacia en la creación de la belleza con la esperanza de que les ayudará a sentirse más en control y estables.

Ambos estilos dentro de este subtipo indican una asertividad audaz, que a menudo pasa por intimidación. Una persona de este subtipo, sin duda, experimentará muchas dudas, miedo e inestabilidad, y a menudo intentará evitarlo o superarlo corriendo directamente hacia él, ya sea enfocándose en la fuerza o la belleza. Esta necesidad de seguridad y poder a menudo nubla su capacidad de conectarse con sus propias emociones y les hace luchar mucho con la vulnerabilidad.

1. **El Soñador también conocido como el Entusiasta**

- **Instinto de auto conservación:**

El impulso fundamental del personaje aquí se proyectará como Red de Personas.

Esta variante del tipo de personalidad le encanta tener cosas buenas en la vida y rodearse de relaciones ricas, belleza, conversaciones divertidas y entretenimiento.

Les encanta planificar proyectos o eventos divertidos, preparar comidas elaboradas, salir a cenar y compartir buenas ideas e incluso establecer contactos. Aunque están más interesados en la familia y los amigos, su enfoque enérgico y entusiasta de la vida y las personas los hace excelentes para fomentar una relación "familiar" que se extiende mucho más allá de los parientes consanguíneos. Lo que los motiva es asegurarse de que todos estén bien y tengan la mejor experiencia con ellos.

Una persona de este subtipo generalmente es muy buena para obtener lo que quiere y justificar o defender lo que quiere hacer. El mayor desafío es la tendencia a exagerar las cosas, volverse demasiado interesado o excederse de alguna manera, ya sea con comida, conversación, compras o estimulantes. –

Instinto social:

El impulso fundamental del personaje aquí se proyectará como El Sacrificio.

Este subtipo tiende a actuar contra el rasgo común de insaciabilidad exhibido por los otras personalidades de tipo siete. Son generosos y tienen un fuerte deseo de crear significado y hacer una diferencia en el mundo. Están dispuestos a sacrificar sus propias necesidades para satisfacer las necesidades del grupo, la familia, la organización o la persona que apoyan. Tienen una visión utópica de la vida, que generalmente les sirve realmente bien.

Sin embargo, existe una corriente subyacente de dependencia que se experimenta con este subtipo porque necesitan amigos y otras personas o proyectos grupales para expresarse y sentir que están haciendo algo significativo. En toda su naturaleza hacia el sacrificio, secretamente esperan ser reconocidos y apreciados por los sacrificios que hacen.

Una persona en este subtipo es muy generosa, visionaria en su pensamiento, se enfoca más en los demás y se siente atraída por cualquier cosa que tenga como objetivo cumplir una causa mayor. Su principal desafío es la tendencia a juzgar mucho a los demás y a sí mismos cada vez que perciben una sensación de egoísmo.

- **Instinto sexual:**

El impulso fundamental del personaje aquí se proyectará como Fascinación.

Aquí encontramos al soñador clásico e idealista. Esta variante de tipo de personalidad ve el mundo a través de filtros de color rosa. Él o ella se siente atraído instantáneamente hacia nuevas ideas, nuevas personas y posibles aventuras que caen inmediatamente en un estado de fascinación. Pero esta sugestibilidad funciona en ambos sentidos.

Este subtipo no solo se fascina fácilmente, sino que también es fascinante hacia los demás. Su encanto puede ser muy persuasivo e irresistible, lo que hace que esas personas sean excelentes en ventas y servicio al cliente.

Una persona en este subtipo ve lo bueno en todo y siempre es entusiasta y optimista. Él o ella siempre está conectado a la corriente de infinitas posibilidades.

El desafío principal es tener que lidiar con cosas que él o ella considera aburridas, monótonas, y predecibles. Las condiciones, las personas e incluso un mundo aburrido son totalmente inaceptables y se convierten en una fuente de frustración.

1. **El Retador también conocido como el Líder**

- **Instinto de auto conservación:**

El impulso fundamental del personaje aquí se proyectará como Supervivencia.

Esta variación de personalidad estará más orientada y centrada en la supervivencia y la protección de las personas bajo su cuidado. Más interesado en asegurar el éxito y la seguridad física y material. Estos subtipos ocho son agresivos y excesivos en sus inclinaciones.

Una actitud mental típica es "ganar o morir luchando". Este subtipo generalmente es vista como una personalidad muy poderosa, productiva y directa que nunca retrocede ante las situaciones solo porque las cosas se ponen difíciles. También protegen muy ferozmente a sus familiares y amigos y a menudo se les percibe como el pilar fuerte que mantiene unidas las cosas.

Una persona de este subtipo es confidente, segura, poderosa, directa y generalmente asumirá el papel de tutor, padre o figura materna. Él o ella está muy preocupado por protegerse a sí mismos, el espacio que los rodea y aquellos bajo su cuidado. La supervivencia es una preocupación importante en todo momento.

- **Instinto social:**

El impulso fundamental del personaje aquí se proyectará como Camaradería.

Esta variante de personalidad de tipo ocho todavía posee la misma agresión y exceso del tipo ocho, pero la canalizan de una manera diferente. Un sentido de injusticia e impotencia está activa dentro de los individuos que caen en este subtipo, que intentan resolver formando grupos o alianzas, a los que se vuelven muy devotos.

Se centran más en causas sociales y prefieren ser el líder del grupo o alianza, sirviendo a las personas para una misión superior. La injusticia o el abuso del poder realmente desencadenan sus sensibilidades, y sienten la necesidad de proteger a quienes están bajo su influencia contra tales cosas. Prefieren apoyar a otros en lugar de sustentar sus propias necesidades personales.

Una persona en este subtipo generalmente elegirá mediar su ira aprovechando esa energía para satisfacer las necesidades de los miembros de la comunidad a la que sirven. Él o ella también querrán ser el "escudo" que protege fielmente a su tribu ante alguna autoridad injusta o cualquier otro tipo de peligro.

- **Instinto sexual:**

El impulso fundamental del personaje aquí se proyectará como Posesividad.

Esta variante de tipo ocho exige control sobre los demás y le encanta poseer lo que sea que deseen. Les gusta ser rebeldes y no tienen miedo de romper las reglas. La impulsividad gobierna este subtipo, y por lo general son personas muy intensas siempre listas para interrumpir las cosas y provocar cambios. Nunca rehuirán a desafiar el estatus quo y tendrán la necesidad de impulsar el cambio, ganar poder e influencia sobre los demás.

Cuando se trata de intimidad, la agresión y la posesividad de los tipo ocho aún es muy pronunciada, a menudo con el deseo de dominar a la pareja por completo.

Una persona en este subtipo tendrá las mismas cualidades agresivas y excesivas que tienen todos los ochos tipo, pero con una clara diferencia. Tienden a llevarlo demasiado lejos.

Hay un hambre de posesión, que a veces puede ser bueno si se dirige a servir a una causa digna. Pero también puede ser peligroso si se dirige hacia algo perjudicial para ellos y otros. A veces, este subtipo de personalidad puede estar dispuesto a dejarse llevar y rendirse si siente un anhelo lo suficientemente fuerte por parte de un compañero capaz de satisfacer plenamente sus necesidades.

1. **El Pacificador también conocido como el Diplomático**

- Instinto de auto conservación:

El impulso fundamental del personaje aquí se proyectará como un Fuerte Apetito.

Esta variante de personalidad es algo similar a un subtipo de ocho en que están muy centrados en sí mismos y preocupados por satisfacer las necesidades físicas.

La seguridad material y la comodidad diaria para ellos mismos es muy importante. Los que caen en este subtipo tienen un gran apetito por la comida y la posesión de bienes.

Una persona de este subtipo es a menudo un coleccionista. Muy enfocado en satisfacer sus necesidades personales y proporcionar comodidad material. A él o ella le encanta pasar tiempo a solas y puede volverse muy irritable cuando alguien amenaza su sentido del equilibrio, o interrumpe los ritmos diarios que apoyan su vida instintiva. La abundancia material es a menudo más importante que el crecimiento personal o espiritual.

- Instinto social:

El impulso fundamental se proyectará como una Poderosa necesidad de Participar.

Esta variante de personalidad de los nueve es el tipo más amable, desinteresado y cálido. Los que están en este subtipo suelen ser fuertes, confiables, siempre en armonía con los demás y hacen un gran trabajo al mezclarse con la agenda de sus amigos o los diferentes grupos sociales de los que forman parte.

A menudo mostrando excelentes habilidades de liderazgo y una contribución desinteresada, este subtipo se posicionará como el mediador o facilitador, lo cual es algo natural para ellos. Ser parte de un grupo más amplio o benefactor de la comunidad es su motivo instintivo. No les gusta abrumar a otros con sus luchas personales, por lo que generalmente mantendrán una actitud feliz y se centrarán en las necesidades de los demás y sus roles.

Una persona en este subtipo está más interesada en sentir que está participando en algo significativo. Él o ella trabajan duro para hacer felices a sus seres queridos y están muy dispuestos a hacer los sacrificios necesarios para satisfacer las necesidades de las personas bajo su cuidado.

Son afectuosos y amigables, y hacen todo lo posible para ser un pilar confiable y concreto para quienes están bajo su cuidado, incluso si eso significa descuidar su propio dolor y sus luchas.

- Instinto sexual:

El impulso fundamental del personaje aquí se proyectará como Fusión o la Necesidad de Unirse.

Esta variante de personalidad se puede denominar mejor como el buscador. La unión con los demás es su motivo instintivo, y puede ser sexual o espiritual, ya sea con otra persona, con la naturaleza, o la vida misma.

Este profundo anhelo puede ser caótico a veces, o puede ser la puerta de entrada a una experiencia trascendental. Tienden a sentirse más cómodos y seguros cuando se asocian con otros y, por lo general, no pueden soportar estar solos. Como resultado, puede haber una tendencia a aceptar lo que otros demandan y excluir sus preferencias personales.

Una persona en este subtipo suele ser muy cálida y

afectuosa, y posee una profunda necesidad de unión. Su desafío más importante es hacer esto práctico en la vida diaria, y mantener los límites personales así como el enfoque correcto en uno mismo.

Como determinar tu subtipo

Antes de pasar a la siguiente sección, aquí hay algunos consejos sobre cómo reconocer tu subtipo. Para algunas personas, esto puede resultar fácil. En cuestión de minutos, puedes realizar la prueba del Eneagrama y determinar tu centro y tus subtipos. Si ese eres tú, me alegro. Estás listo para lo que sigue. Simplemente aplica todo lo que has aprendido a medida que avanzas en la vida.

Sin embargo, si no eres tan afortunado y aún te sientes perdido, confundido o incluso incapaz de descubrir tu subtipo al instante, lo entendería. No estás solo. Esto es algo que le sucede a mucha gente. Requiere más estudio y exploración a lo largo del tiempo, así que permite que el proceso evolucione de forma natural.

Hasta cierto punto, creo que todos nos identificamos con los tres impulsos instintivos. Entonces, si encuentras que eso sucede, entiende que no tiene nada de malo. Después de todo, todos existen en cada uno de nosotros. ¿Pero cuál es más vital para ti en general? Esa es la claridad que necesitas.

Los subtipos del Eneagrama no están destinados a ser una ciencia exacta. En cambio, tienen la intención de evocar un tema específico y hacerte consciente de las diferentes estaciones en tu vida y los diversos motivos que influyen en tus elecciones. La herramienta de personalidad del Eneagrama es un sistema dinámico orientado al crecimiento y está destinado a ser un inventario personal que tiene como objetivo identificar tus miedos básicos, motivaciones, y fortalezas para que puedas facilitar tu crecimiento personal a través de una trayectoria específica.

Si puedes comenzar identificando con certeza tu tipo primario y el principal centro de inteligencia (una de las tríadas), podrás descubrir cuáles de los miedos subyacentes guían la mayoría de tu comportamiento, así como tu instinto más dominante.

Incluso podrías notar que el tema sigue cambiando a medida que cambian tus condiciones y circunstancias de vida, y eso también está bien. Evita volverte demasiado rígido al respecto al determinar con qué te identificas.

Échale un vistazo al diagrama que comparto a continuación. Eso debería darte una representación visual de tus subtipos. Podrías empezar primero identificando el centro instintivo que más te atraiga. Por ejemplo: si realmente sientes que eres impulsado por el instinto social y la necesidad de pertenecer o luchar por una causa mayor dentro de un grupo, entonces puedes enfocarte en el instinto social y hacer coincidir tu tipo de eneagrama con el subtipo correspondiente.

Instinto de Auto conservación	Instinto Social	Instinto Sexual
La necesidad de preservar nuestro cuerpo y su fuerza vital. Mantenerse alejado de las amenazas. Esto incluye nuestras necesidades humanas básicas de alimentación, vivienda, ropa, calidez y relaciones familiares.	La necesidad de llevarnos con otros y formar lazos sociales seguros. Se trata de crear un sentido de pertenencia	La necesidad universal de procrearse y de mantener a la raza humana de generación en generación. Gobierna nuestra sexualidad, intimidad, y las amistades cercanas que atesoramos, además de nuestro legado.
Tipo 1: El Perfeccionista / Reformador	Tipo 1: El Perfeccionista / Reformador	Tipo 1: El Perfeccionista / Reformador
*Ansiedad	*No-adaptable	*Celos
Tipo 2: El Dador / Ayudador	Tipo 2: El Dador / Ayudador	Tipo 2: El Dador / Ayudador
*Privilegio	*Ambición	*Seducción o Agresión
Tipo 3: El Triunfador / Ejecutante	Tipo 3: El Triunfador / Ejecutante	Tipo 3: El Triunfador / Ejecutante
*Seguridad	*Prestigio	*Carisma
Tipo 4: El Romántico / Individualista	Tipo 4: El Romántico / Individualista	Tipo 4: El Romántico / Individualista
*Audacia	*Vergüenza	*Competencia

Tipo 5: El Observador / Investigador	Tipo 5: El Observador / Investigador	Tipo 5: El Observador / Investigador
*Castillo	*Símbolos	*Confidente
Tipo 6: El Leal / Dudoso	Tipo 6: El Leal / Dudoso	Tipo 6: El Leal / Dudoso
*Calidez	*Deber	*Guerrero
Tipo 7: El Entusiasta / Soñador	Tipo 7: El Entusiasta / Soñador	Tipo 7: El Entusiasta / Soñador
*Red de personas	*Sacrificio	*Fascinación
Tipo 8: El Retador / Líder	Tipo 8: El Retador / Líder	Tipo 8: El Retador / Líder
*Supervivencia	*Amistad	*Posesividad
Tipo 9: El Pacificador / Diplomático	Tipo 9: El Pacificador / Diplomático	Tipo 9: El Pacificador / Diplomático
*Buen Apetito	*Participación	*Fusión

Si eso no parece estar dando resultados claros, intenta con otro enfoque. Puedes optar por escribir todos los conjuntos de nueves dentro de los subtipos que más resuenen contigo. De los conjuntos de nueve términos, probablemente te sentirás más atraído por uno que por los otros dos. El que más te atraiga debe ser el título instintivo que mejor describa tus hábitos, preocupaciones y ansiedades a largo plazo.

Mi amiga Joanna tuvo problemas al principio para identificar su subtipo. Ella pensó que tenía la personalidad del Eneagrama cuatro, con el instinto de auto conservación como su subtipo dominante. Su esposo no estuvo de acuerdo. Esto creó algunas dudas en ella, y tomó muchos estudios y una profunda reflexión antes de que finalmente se sintiera cómoda con su tipo y subtipo de Eneagrama elegido. Quizá debas hacer lo mismo al principio. Continúa y deja que los dibujos a continuación te guíen hacia tu verdad.

SECCIÓN IV. USANDO EL ENEAGRAMA PARA ENRIQUECER TU VIDA

INTEGRANDO UNA HERRAMIENTA ANTIGUA A UN ESTILO DE VIDA MODERNO.

Habiendo leído hasta aquí, no se puede negar que el modelo del Eneagrama es simple y profundamente complejo, al igual que las personas.

Las capas en el sistema del Eneagrama, como se muestra en un capítulo anterior y luego diseccionado en todos los detalles por los que has pasado en las últimas dos secciones, me llevan a concluir que probablemente tomaría una década de estudio profundo para comprender cada uno de los nueve tipos completamente. Afortunadamente para ti, no tiene porqué tomarte una década.

De hecho, todo lo que necesita para comenzar tu autodescubrimiento es realizar una prueba para aprender tu tipo en el sistema de los nueve puntos y descubrir tu subtipo, luego podrás estar en camino a grandes revelaciones sobre tu comportamiento, tus fortalezas y como crecer.

La buena noticia es que cuanto más entiendas por qué haces lo que haces, más fácil será comenzar a entender a los demás, incluso si no necesariamente conoces tu tipo de personalidad y variante de persona. Como mínimo, tendrás una lente nueva con qué interactuar y comprender a aquellos con quienes te encuentras en tu vida diaria. Ese es el poder del Eneagrama de la personalidad.

Transmitido por generaciones desde la antigüedad hasta estos tiempos modernos, este sistema puede convertirse en una herramienta útil para tu crecimiento personal, resolución de conflictos e incluso desarrollo de carácter.

¿Hay áreas en tu vida con las que has estado luchando?

¿Tienes relaciones que te causan acidez estomacal porque pareciera que no puedes hacer que funcionen como crees que deberían estar funcionando? ¿Hay personas en tu lugar de trabajo o en tu hogar que no puedes ver cara a cara pero sabes que debes encontrar la manera de llevarte bien debido a los compromisos asumidos?

¿Es tu cuerpo el que no parece escucharte o responder positivamente ante todo lo que intentas?

Tal vez es la tendencia subyacente de la ira, el miedo o vergüenza con la que has estado luchando en secreto pero que nunca has entendido del todo.

Todos estos problemas pueden mejorarse con el uso de esta herramienta.

ACELERADO TU CRECIMIENTO PERSONAL Y DE AUTO-EXPRESIÓN.

El crecimiento personal y la autoexpresión son tan esenciales como respirar para nosotros como seres humanos. Una vez que aseguramos las necesidades básicas que nos ayudan a sentirnos seguros y cómodos, el anhelo de una autoexpresión surge naturalmente. Está destinado a ser parte de nuestra evolución y autorrealización.

La autoexpresión no significa necesariamente producir arte, escribir, ser intérprete o nada de eso. Puede definitivamente incluir eso para ciertas personas, pero esencialmente, se trata de comunicar tu verdad y usar el lenguaje corporal, tu trabajo y acciones, y cómo interactúas y te relacionas con otros en tu mundo. Eso también incluye cómo te vistes, la forma en que conduces tu automóvil, decoras tu hogar, etc.

El principal desafío con el crecimiento personal y la autoexpresión se produce cuando se siente que hay un bloqueo o una falta de inspiración y creatividad para transmitir con éxito algo que deseas retratar a otro de alguna manera.

¿Alguna vez has estado en una situación en la que realmente deseabas expresar algo que ardía en tu corazón, pero por alguna razón, te quedaste corto de expresión completa, lo que resultó en un profundo sentido de frustración, decepción y esa sensación de que fuiste malinterpretado?

Este es un problema común cuando todavía no nos comprendemos a nosotros mismos y los motivos, instintos y comportamientos que influyen en nuestras personalidades. Podemos tener una idea de lo que queremos comunicar, pero nos quedamos cortos en la ejecución o manifestación completa.

Estaba viendo un programa de repostería el otro día, y una de las concursantes que competía para ganar $ 10,000 comenzó a llorar cuando su pastel no se parecía en nada a lo que había imaginado en su mente. Incluso los jueces tuvieron dificultades para calificarla porque solo podían ver su angustia y el hecho de que simplemente no podía manifestar cualquier idea creativa que tuviera al inicio de la competencia.

La razón por la que el Eneagrama de la herramienta de personalidad funciona tan bien para mejorar la vida de las personas es porque les ayuda a comprender mejor sus fortalezas, obsesiones, impulsos instintivos y señales de advertencia a tener en cuenta.

Pero también hace algo de lo que pocos quieren hablar. Esta herramienta también pone en primer plano los miedos subyacentes que a menudo guían nuestros comportamientos.

Don Richard Riso y Russ Hudson revelan los nueve miedos fundamentales que todos deben conocer en "La Sabiduría del Eneagrama".

Tipo Uno: El temor a ser malo o corrupto

Este tipo de personalidad se esfuerza por ser moralmente respetuoso y virtuoso frente a la corrupción externa. Tienden a ser perfeccionistas, siempre sudando incluso detalles minuciosos. Y su miedo subyacente es que sean corruptos. Por lo tanto, el impulso de ser meticulosos y actuar virtuosamente está impulsado por la necesidad de demostrar que ese miedo es incorrecto. Motivados por su propio sentido de integridad, las personas con personalidad de tipo uno se esforzarán continuamente por alejarse de la corrupción y hacia la virtud.

Tipo Dos: El temor a no ser amado o no deseado por otros.

Este tipo de personalidad se esfuerza por ser amado y deseado por quienes lo rodean. Dan, nutren e invierten gran parte de su tiempo, esfuerzo y recursos en cultivar relaciones para superar el miedo inherente de que no son dignos de ser amados. La razón por la que las personas que son del tipo de personalidad dos dan y ayudan es para demostrar que merecen cariño y amor de parte de otros porque ellos lo dan en exceso. Se esforzarán continuamente por alejarse de la inutilidad y avanzar hacia relaciones que fomenten el amor mutuo y el cuidado.

Tipo Tres: El temor de no tener valor y sin logros.

Este tipo de personalidad tiene como objetivo alcanzar el éxito y el estatus quo creyendo que es la medida correcta de su propio valor. El miedo subyacente aquí es un sentimiento inherente de inutilidad. Este tipo siente que no serán deseables de no ser por sus logros, y por lo tanto deben lograr tanto como sea posible para ser deseados y aceptados por otros. Se esforzarán por moverse continuamente conscientes de la inutilidad y hacia logros impresionantes donde puedan ganar gran admiración y respeto.

Tipo Cuatro: El temor de no tener una identidad única, especial y significativa.

Con este tipo de personalidad viene la necesidad de querer demostrar su singularidad e individualidad hacia los demás. El temor subyacente en el tipo de personalidad cuatro es que él o ella no tendrían valor alguno y no serían deseados si fueran "ordinarios" o " gente promedio". Como tal, buscan crear una identidad única para demostrar su importancia ante el mundo.

Aquellos que tienen una personalidad tipo cuatro se mueven continuamente de la normalidad hacia expresiones de individualidad e intensidad.

Tipo Cinco: El temor de ser indefenso e inadecuado.

Esta personalidad del tipo cinco se esfuerza por ser conocedora y competente en todo lo que hace. Tienen un miedo subyacente a estar indefensos, abrumados e incapaces de lidiar con el mundo que los rodea. Como resultado, intentan aprender tanto como puedan y dominar tanto como puedan para sentirse seguros, competentes y capaces de lidiar con el mundo. Aquellos que están en este tipo de personalidad se esfuerzan continuamente por alejarse de la ignorancia y la ambigüedad hacia el conocimiento y la el entendimiento.

Tipo Seis: El temor de no contar con soporte o guía.

Esta personalidad del tipo seis se esfuerza por encontrar orientación y apoyo de aquellos que los rodean. Su miedo subyacente es que son incapaces de sobrevivir por su cuenta. Como tal, siempre buscan el mayor apoyo y dirección de los demás como sea posible. Aquellos que caen en este tipo de personalidad continuamente se esfuerzan por alejarse del aislamiento y hacia la estructura, la seguridad y la orientación de los demás.

Tipo Siete: El temor de ser lastimado y de no tener nada.

Esta personalidad del tipo siete se esfuerza por lograr sus deseos más salvajes y encontrar satisfacción. Su preocupación subyacente es que otros no satisfarán sus necesidades y deseos. En cambio, sienten que deben ir y perseguir lo que quieren por su cuenta. Aquellos en este tipo de personalidad se esfuerzan por alejarse del dolor, la tristeza y la impotencia, y moverse hacia la independencia, la felicidad y la satisfacción.

Tipo Ocho: El temor de ser lastimado o controlado por otros.

Este tipo de personalidad se esfuerza por ser independiente, poderoso, influyente y auto dirigido. Su preocupación subyacente es ser traicionado, controlado o violado por otros. Este tipo de personalidad no tolera ser controlada o estar a merced de otros. Se sienten seguros y tranquilos solo cuando controlan sus circunstancias. Quienes caen en este tipo de personalidad se alejan continuamente de las limitaciones externas hacia la autosuficiencia y el poder.

Tipo Nueve: El temor de la pérdida o de separarte de otros.

Este tipo de personalidad se esfuerza por mantener la armonía y la paz tanto interna como externamente. Su miedo subyacente es que se desconectarán y se separarán de los demás. Temen que no estén sincronizados con el mundo que los rodea. Como tal, harán todo lo posible para vivir en armonía con otras personas y el mundo que les rodea porque esto produce ese sentido de seguridad y conexión. Los que están en este tipo de personalidad generalmente se esfuerzan por alejarse del conflicto y el dolor hacia la estabilidad, la paz y la armonía.

Al comprender tu tipo de eneagrama primario, tus miedos principales y tu subtipo, tus dones naturales se aprecian completamente, y las limitaciones no se sienten tan misteriosas.

Se vuelve más fácil encontrar satisfacción en tu trabajo y relaciones. Te prepara mejor para lidiar con situaciones, entornos hostiles y tus conductas impulsivas. Por ejemplo, si tienes un profundo anhelo de sentirte necesitado por otros, es posible que tengas problemas para saber cuándo decir "No" a algo porque las personas que te complacen serían un punto ciego para ti. Entonces, si se te pide en el trabajo que hagas turnos dobles, puedes decir "sí" incluso si te duele. En tal situación, aprender a decir "No" sería la respuesta más satisfactoria y saludable, y sin embargo, solo tendrías esta conciencia sobre ti mismo si realmente entendieras más sobre tu tipo de personalidad.

Algunas personas pueden detectar sus principales y subtipos de personalidad rápidamente, mientras que para otras requiere tiempo, estudio y auto reflexión constante. No sé cuánto tiempo te llevará, pero te animo a comenzar porque cuanto antes lo hagas, más rápido podrás llevar una vida más sana, equilibrada y satisfactoria. Antes de pasar al impacto y al beneficio de usar esta herramienta y los conocimientos adquiridos para mejorar tus relaciones, te invito a tomar la prueba del Eneagrama y descubrir tu tipo primario, así como tus alas, centro y subtipo.

LA PRUEBA DEL ENEAGRAMA

Hagamos una breve recapitulación de los principales tipos de personalidad antes de adentrarnos en nuestro examen en línea interactivo:

Tipo Uno: Reformador

Si este es tu tipo principal de personalidad, tu enfoque es hacer que el mundo sea "correcto" según tus percepciones. Te mueves ante un propósito, estableces altos estándares para ti, y tienes auto control.

Tipo Dos: Ayudador

Si este es tu tipo principal de personalidad, entonces lo que te impulsa es la necesidad de dar y de cuidar de otros. Eres generoso, empático, humilde, y te gusta nutrir. Hay un fuerte deseo de sentirte querido y aceptado, y a veces el dar se hace como un medio de asegurar esa necesidad de ser amado.

Tipo Tres: Triunfador

Si este es tu tipo principal de personalidad, entonces estás más enfocado en ser el mejor. Deseas ser percibido como exitoso por otros. Por lo general, eres muy asertivo, ganar lo es todo y tu imagen personal es muy importante.

Tipo Cuatro: Romántico

Si este es tu tipo principal de personalidad, entonces eres más artístico en todo lo que haces y tienes un ojo impecable para la belleza. Estás más en sintonía con tus emociones y las de los demás y, a veces, puedes ser bastante dramático. Eres un romántico de corazón, y tu mundo de fantasía interior es un santuario para ser atesorado.

Tipo Cinco: Observador

Si este es su tipo principal de personalidad, entonces tu enfoque es hacia el conocimiento y obtener más sabiduría. Eres altamente intelectual con un profundo deseo de nuevas ideas y una mayor comprensión. Puedes articular nuevos paradigmas de una manera visionaria y, aunque prefieras la soledad, cuando se te invita a hablar sobre un tema que te apasiona, puedes ser muy acogedor y comprometido.

Tipo Seis: Lealista

Si este es tu tipo de personalidad central, entonces estás lleno de valentía. Eres confiable y autosuficiente. A menudo luchas con tus propias dudas, y dudas también de los demás, lo que puede crear una montaña rusa de emociones para ti, pero cuando no eres dudoso, estás muy comprometido y decisivo.

Tipo Siete: Entusiasta

Si este es tu tipo principal de personalidad, entonces lo tuyo es diversión y espontaneidad. Eres divertido, juguetón y agradable para con los demás. Tienes una perspectiva muy positiva y saboreas la riqueza del mundo. Sin embargo, tiendes a distraerte fácilmente, y siempre pareces estar avanzando hacia la próxima aventura emocionante, pero cuando no estás disperso o distraído, tienes el potencial de enormes logros.

Tipo Ocho: Retador

Si este es tu tipo principal de personalidad, ¡entonces

eres intenso! Te gusta ser directo con los demás. La productividad, la alta energía y la excelencia en tu trabajo son importantes para ti. Eres auto-determinado, generoso y tienes un gran corazón. Otros generalmente te perciben como alguien muy poderoso, lo que a veces puede hacerte parecer un poco controlador e intimidante, especialmente cuando estás tratando de obtener control e influencia sobre los demás.

Tipo Nueve: Pacificador

La paz y la armonía es tu impulso principal si caes en una personalidad de tipo nueve. Eres auténtico, sin pretensiones y paciente, te llevas bien con todos, te encanta servir a los demás y anteponer sus necesidades. En tu mejor momento, puedes reconocer, alentar y ayudar a sacar lo mejor de los demás.

Realice la prueba ahora y una vez que hayas obtenido tus resultados, regresa a la sección II para leer una descripción más detallada de tu tipo, y luego pasa a la sección III para descubrir qué tipo de pastel con capas tienes.

Para acceder a la prueba, simplemente copia y pega el siguiente enlace en tu navegador:

https://bit.ly/2xEWljI

¿Recuerdas que mencionamos que los subtipos son como capas de un pastel que todos tenemos?

Eso implica que ya posees los tres instintos básicos, pero uno será más dominante. Al descubrir cómo se colocan las capas de tu pastel, comenzarás a estar más consciente en tus elecciones de la vida diaria, y algunos de tus impulsos, reacciones y experiencias tendrán más sentido.

Tu tipo de personalidad combinado con tus alas y centro, así como tus instintos básicos ya en capas ahora te brinda una comprensión detallada de lo que te motiva. Y qué liberador se convierte a medida que avanzas para mejorar tus relaciones con los demás.

CULTIVANDO RELACIONES SANAS Y AMOROSAS

Cultivar relaciones saludables y que nutren es esencial para todos nosotros. Pero sabemos lo difícil que puede ser, especialmente en nuestra sociedad moderna con exigencias interminables. Es por eso que es aún más crítico que nunca elegir tus relaciones sabiamente.

Las personas con quienes te asocias e inviertes tu energía, tanto personal como profesionalmente, tienen un impacto directo en tu bienestar y éxito. Por lo tanto, te animo a que mejores a la hora de rodearte con las personas adecuadas. ¿Pero quién sería la persona adecuada?

Un punto crítico para recordar aquí, especialmente cuando se introducen combinaciones del tipo del eneagrama, es que ningún emparejamiento es particularmente bendecido o condenado a funcionar. El error que muchas personas cometen una vez que se enteran de estas combinaciones de eneagramas es que evitan o subestiman todos los otros tipos. Centrarse en una combinación específica no garantiza que estarás feliz, nutrido y enamorado.

Lo que quieres establecer es un objetivo diferente. Quieres asegurarte de que tanto tu como la persona en asunto exhiban las versiones saludables de sus tipos. Mientras que ustedes dos (independientemente de su tipo) sean saludables, el experimentar juntos será increíble.

Desafortunadamente, esto no siempre es así. Ahí es donde entra en juego el autodescubrimiento y la educación entra en juego. Cuanto mejor informado estés sobre el tipo de personalidad de la otra persona, su nivel de salud y sus tendencias, mayor será tu comprensión de la relación. Esta es una gran herramienta para ayudarte a profundizar tus relaciones, ya que te hará más consciente de tu comportamiento tanto positivo como negativo. Una vez que detectes y resaltes tus miedos, motivaciones y tendencias naturales subyacentes, así como tus dones, tendrás la opción de elegir cómo responder a las relaciones en tu vida.

Independientemente de tus necesidades actuales de relaciónarte, ya sea construyendo relaciones profesionales saludables con los clientes, o cultivando una relación apasionada e íntima con tu pareja, la herramienta del eneagrama puede ayudarte a alcanzar tus objetivos. Te ayudará a amar más en el presente y sentir que estés más arraigado en tu verdadera naturaleza. Finalmente estarás en condiciones de reconocer cuándo estés actuando por miedo, y cuándo estés actuando por tu propia verdad. También te permitirá discernir los deseos de tu verdadero yo y los que son superficiales.

Una vez que tenga este nivel de claridad y conciencia de ti mismo, se vuelve fácil amar y vivir en armonía con los demás. En lugar de reaccionar cuando las cosas no van como quieres en una relación, te sentirás capacitado para responder en lugar de reaccionar, haciendo posible amar, apoyar, alentar y sacar lo mejor de los demás. Más importante aún, también te convertirás en un mejor comunicador. Y todos sabemos lo importante que es la comunicación en una relación sana.

Una de mis mejores amigas recientemente experimentó el poder de usar esta herramienta del Eneagrama para ayudarla en su autodescubrimiento, y a su prometido también.

No hay duda en su mente de cuánto Tom la ama. Es el hombre más generoso, cálido, agradecido, atento, juguetón y cariñoso que haya conocido. Son la pareja perfecta porque él parece complementar su personalidad realmente bien. Ella dice: "Me siento tan amada y especial cuando estoy con él. No hay nadie más con quien me quiera casar. Pero él puede ser bastante controlador, necesitado y deshonesto a veces, y realmente estaba creando fricción entre nosotros".

Eso fue antes de que sugiriera que ambos estudiaran el Eneagrama de la personalidad. Ella ya había tomado el examen, por lo que no era una idea demasiado descabellada, pero tomó un poco de convencimiento antes de que Tom aceptara. En menos de un mes, ella me dijo que su relación se había transformado por completo. Ella ha encontrado nuevas formas de demostrar su amor y siente más compasión cada vez que aparecen algunas de sus debilidades.

Han aumentado su nivel de intimidad y comunicación. Por encima de todo, sus comportamientos ya no se sienten tanto como un enemigo misterioso que intenta sabotear su amor mutuo. Solo puedo suponer que con el tiempo, sus autodescubrimientos enriquecerán aún más su futuro matrimonio.

Aunque elegiré centrarme más en las relaciones personales y más íntimas, el mismo concepto se puede aplicar a cualquier relación con la que desees trabajar.

Trayendo de vuelta la magia del amor apasionado:

No hay nada más emocionante que encontrar a alguien que "te atrape". Tener a alguien que te entienda incluso sin pronunciar una palabra es completamente mágico, y creo que esa es una conexión que todos anhelamos. Cuando descubras tu tipo de Eneagrama y lo uses para mejorar y mejorar quién eres realmente, cambiará la forma en que abordas las relaciones para siempre.

Esta no es una lectura del horóscopo, sino que se usa para descubrir el mejor tipo de personas que complementarán y mejorarán tu vida en general. No digo que sea una ciencia exacta, pero te sorprenderá cuánta armonía experimentarán tus relaciones cuando aprendas acerca de los tipos de personalidad de tus seres queridos. Las tendencias que regularmente te impiden experimentar relaciones saludables contigo mismo y con los demás ya no serán un misterio. Después de todo, cuanto más feliz seas, más fácil será cultivar relaciones saludables.

Tipos de combinación sugeridos por el Instituto del Eneagrama.

Aquí hay algunas ideas sobre las relaciones para cada tipo que podrían ser un excelente punto de partida si estás buscando manifestar nuevas relaciones amorosas.

Tipo 1: El Perfeccionista o El Reformador

Mejores tipos de combinación: 1 2 3 4 5 6 7 8 9

Tipo 2: El Ayudador o El Dador

Mejores tipos de combinación: 1 2 3 4 5 6 7 8 9

Tipo 3: El Triunfador o El Ejecutante

Mejores tipos de combinación: 1 2 3 4 5 6 7 8 9

Tipo 4: El Romántico o El Individualista

Mejores tipos de combinación: 1 2 3 4 5 6 7 8 9

Tipo 5: El Observador o El Investigador

Mejores tipos de combinación: 1 2 3 4 5 6 7 8 9

Tipo 6: El Leal o El que Duda

Mejores tipos de combinación: 1 2 3 4 5 6 7 8 9

Tipo 7: El Entusiasta o El Soñador

Mejores tipos de combinación: 1 2 3 4 5 6 7 8 9

Tipo 8: El Retador o El Líder

Mejores tipos de combinación: 1 2 3 4 5 6 7 8 9

Tipo 9: El Pacificador o El Diplomático

Mejores tipos de combinación: 1 2 3 4 5 6 7 8 9

Cuando se trata de encontrar el amor y de cultivar relaciones:

Tipo Uno: El Reformador

Habiendo descubierto que este es tu tipo y que estás motivado por el deseo de vivir de la manera correcta, evitando fallas y culpas, esta es nuestra sugerencia de relaciones.

Abraza la alegría y la espontaneidad en tu relación proponiendo una cita espontánea. Sí, sé que no es fácil, pero con un poco de relajación y la perspectiva correcta, puede ser muy beneficioso para ti. Sé que es difícil de escuchar, pero el mundo no se derrumbará si te relajas de vez en cuando. Libera la necesidad de controlar cada resultado todo el tiempo. También es maravilloso compartir abiertamente con tus seres queridos tus valores y motivaciones fundamentales. Hágales saber cuánto te importa mejorar el mundo e invítalos a esa visión. Aquellos que "te atrapen" serán más que alentadores y apoyarán tus tendencias.

Tipo Dos: El Ayudador

Después de descubrir que eres cálido, empático y motivado por la necesidad de ser necesitado y amado, esta es nuestra sugerencia de relación.

Combate el impulso de saltar siempre y solucionar los problemas de otras personas, incluso si eres bueno en eso. Aprenda a estar allí para tu pareja sin estar demasiado absorto en su mundo, y con frecuencia sal de la caja para ponerte en contacto con tus sentimientos. Pregúntate: "¿Cómo estoy?"

Tipo Tres: El Triunfador

Después de descubrir que estás motivado por el éxito, ganar a lo grande, y que está preparado para un alto rendimiento y productividad, esta es nuestra sugerencia de relación.

Tienes mucho que ofrecer, no solo el éxito material y el estatus social. Conéctate con ese "más" que tienes. La apreciación y el valor de alguien por ti no siempre están vinculados a tus logros. Aprende a hacer conexiones auténticas y no evites sumergirte más allá del prestigio y el éxito material que tienes. .

Tipo Cuatro: El Romántico

Después de descubrir que eres un romántico natural con un ojo para la belleza y más creativo y expresivo que la mayoría, aquí tienes nuestra sugerencia de relación.

Aprende a tomar el control de tus emociones o ellas

te controlarán a ti, y crearán problemas constantes dentro de tus relaciones. Puedes ser más consciente de tus emociones sin que te consuman. Como sabes, hay una tendencia a ser una reina o un rey del drama y eres particularmente sensible cuando te sientes incomprendido. Comunícalo a tu ser querido y ayúdalo a conocer este lado tuyo para que ellos también puedan responder de una manera apropiada cuando suceda. Usa tus poderes de percepción para ponerte en la piel de la persona que amas para que puedas ver las cosas desde su perspectiva, así siempre sabrás lo que debes hacer ante cualquier situación.

Tipo Cinco: El Observador

Después de descubrir que eres del tipo privado y analítico motivado por el hambre de obtener más conocimiento, aquí tienes una sugerencia de relación.

A pesar de que te gusta por tu cuenta y disfrutar de la soledad, también conoces esas conexiones profundas y significativas donde hay una excelente química que te hace feliz. Abraza esto. No tenga miedo de ser "atraído" cerca por otro donde la química se alinea. Tus sentimientos no son tan preciados como para que alguien más los maneje, y tienes lo que se necesita para ser bueno en esto. Aprenda a reconectarte más con tu corazón para saber cuándo es el momento adecuado para hacer el cambio de la cabeza al corazón.

Tipo Seis: El Lealista

Después de descubrir que eres del tipo práctico, comprometido pero siempre ansioso, esta es nuestra sugerencia de relación para ti.

No todos tienen una "agenda oculta". Sé que es difícil de escuchar y te cuesta trabajo ser optimista, pero no te hará daño darle crédito a las personas de vez en cuando. Tu capacidad de ser un gran y leal amigo, siempre digno de confianza, es un poder que no debe subestimarse, especialmente en nuestro mundo moderno. Aprende a usar este poder para construir un vínculo fuerte y confiable con otra persona importante.

Tipo Siete: El Entusiasta

Con el nuevo descubrimiento de tu tipo como alguien divertido, espontáneo y motivado por la búsqueda de experiencias placenteras que te estimulan, esta es nuestra sugerencia de relación.

Tu actitud positiva y amante de la diversión es

contagiosa, y siempre atraerá a grandes personas hacia ti, pero debes aprender a rechazar ese impulso de seguir huyendo de las cosas demasiado rápido. Encuentre el valor para enfrentar lo que podría estar conduciéndote a actividades inquietas y poco profundas. Estar comprometido con la persona adecuada no es tan malo, ¿sabes? Tienes tanta grandeza y sabiduría que ofrecer, así que comienza a trabajar para estar más centrado en el cuerpo y la mente.

Tipo Ocho: El Retador

No hay duda al respecto, eres feroz e intenso. Eres poderoso, lleno de energía, fuerte y motivado por la necesidad de controlar y proteger a los desvalidos. Aquí hay un consejo de relación que puede ayudarte a cultivar conexiones increíbles.

La vulnerabilidad, especialmente con la persona que amas, no es algo malo y no te debilita ante sus ojos. Acepta expresar cualquier emoción que surja por ti. Las personas que te aman pueden manejar tu verdadero "yo". El verdadero poder que posees es la capacidad de demostrar fuerza y ternura cuando la situación lo requiera. No te detengas ni luches contra esos raros momentos, ya que se convertirán en tus momentos más mágicos con la persona que amas.

Tipo Nueve: El Pacificador

Después de descubrir que eres del tipo relajado y armonioso que siempre se lleva bien con todos, aquí hay un consejo de relación para ti.

Sí, eres un pacificador, pero no siempre tienes que "conformarte" con algo si no es lo que realmente quieres. Y siendo el maravilloso mediador que eres, puede ser más fácil expresar tus necesidades y deseos a otros, incluso si difieren. Tienes permiso para expresar una opinión contrastante a la de tu pareja, incluso si te hace sentir incómodo y nervioso. El que realmente te ama apreciará aún más conocer tu estado de ánimo y perspectiva de las cosas. ¡Así que adelante, di tu verdad!

HACER UN MAPEO DE TU CAMINO HACIA EL GOZO Y LA AUTORREALIZACIÓN

Como dijimos al comienzo de nuestro viaje hacia el autodescubrimiento y comprensión del Eneagrama, este sistema se basa en una práctica antigua que se ha desarrollado a lo largo de los años para ayudarnos a aplicarlo mejor.

El Eneagrama moderno tal como lo conocemos se divide en un sistema de nueve puntos y se subdivide en tres tríadas o centros. Las tríadas representan la cabeza, el corazón y el intestino, alternativamente denominado como el centro de pensamiento, centro de sentimientos y centro instintivo, que forman los componentes esenciales del psique humano.

Si bien hay tantos sistemas de tipificación de personalidad disponibles en la actualidad, la herramienta del Eneagrama de la personalidad destaca entre la multitud y mantiene su mérito global por esta razón en particular.

Te fortalece aún más al ofrecerte dos caminos dentro de tu tipo de personalidad principal o dominante. No solo profundiza aun más en las variantes que experimentarás incluso dentro de tu tipo dominante, sino que también añade un aspecto único a las cosas.

Es decir:

Se te da la dirección hacia la integración, que explica cómo es probable que tu tipo se comporte cuando se encuentra en una senda de salud y crecimiento. Y también se te da la dirección hacia la desintegración, que describe cómo es probable que tu tipo actúe bajo presión y estrés.

Esto significa que su autodescubrimiento es mucho más profundo que los sistemas de tipificación de personalidad habituales porque le da el poder de introspectar y tomar nuevas decisiones conscientes en cualquier área de su vida, incluidas las relaciones. Es una herramienta vital para cualquier persona interesada en llevar su crecimiento personal y su autoconciencia al siguiente nivel.

El Eneagrama de la personalidad es una herramienta diseñada para ayudarte a observar tu personalidad (ego) y cómo funciona más de cerca. Ser consciente de quién realmente eres, los instintos básicos que impulsan tu comportamiento y la calidad del carácter que puedes construir para crear un camino progresivo saludable en la vida, o uno desintegrador, es el comienzo de tu autodescubrimiento.

A un nivel fundamental, dependiendo de tu tipo de personalidad central, hay ciertas pasiones que mantener vigiladas, y trabajar hacia la transformación. Cuanto más reflexiones sobre tus comportamientos y motivaciones, más fácil será convertirlos en virtudes saludables porque, como recordarás al comienzo del libro, afirmamos que cada uno de nosotros, en esencia, es puro y bueno.

Aquí hay un breve resumen de las pasiones o comportamientos que pueden gobernar inconscientemente tu vida, además de cómo transformarlos en virtudes saludables.

La personalidad de Tipo Uno debe trabajar para transformar su Ira / Resentimiento / Enojo en Serenidad.

La personalidad de Tipo Dos debe trabajar para transformar su Orgullo en Humildad.

La personalidad de Tipo Tres debe funcionar para transformar su Vanidad en Integridad.

La personalidad de Tipo Cuatro debe trabajar para transformar su Envidia en Aceptación y Ecuanimidad.

La personalidad de Tipo Cinco debe trabajar para transformar su Codicia en Generosidad.

La personalidad de Tipo Seis debe trabajar para transformar su Ansiedad y Miedo en Valentía.

La personalidad de Tipo Siete debe trabajar para transformar su Glotonería en Sobriedad.

La personalidad de Tipo Ocho debe trabajar para transformar su Lujuria / Intensidad en Inocencia / Rendición.

La personalidad de Tipo Nueve debe trabajar para transformar su Pereza / Indiferencia en Compromiso / Acción.

Es por eso que el libro está diseñado para ayudarte a comprender qué es el Eneagrama y cómo funciona antes de invitarte a descubrir tu tipo. La mejor manera de averiguar tu tipo es mediante la prueba en línea a la que hemos proporcionado el enlace en un capítulo anterior. Al responder honestamente a todas las preguntas, tu puntaje más alto indicará qué tipo de personalidad eres. Ten en cuenta que podrías tener múltiples puntajes altos porque, como dijimos, el Eneagrama es un sistema complejo e interconectado, al igual que un ser humano es complejo y, por lo tanto, no puede restringirse rígidamente a un solo tipo estricto.

Alternativamente, puede volver a los capítulos anteriores y leer todas las descripciones detalladas de todos los tipos de personalidad e intentar decidir cuál es el tuyo. Si sientes que te conoces lo suficiente como para identificar tu tipo al instante, puedes continuar con el estudio y la comprensión del tipo elegido, y toda la información adicional que compartí en este libro.

Cómo el Eneagrama te puede ayudar a crecer y a manifestar una vida con gozo y autorrealizada.

El Eneagrama es como un mapa que fortalece tu capacidad de auto observación, y te muestra cómo llegar a niveles más altos de conciencia. Cuanto más desarrolles una visión clara de la versión más saludable y mejor que puedas ser, más alegre y próspera será tu vida. Puede ser tan simple o tan complejo como lo desees. Se recomienda comenzar con lo básico. Este libro cubre todos los conceptos básicos, así como una comprensión profunda de las complejidades del sistema. Sin embargo, eso no significa que nuestros estudios terminen ahí. Todavía puedes empaparte aún más en tu tipo de personalidad central definido, tus alas y subtipo al aventurarte en lo que se conoce como niveles de desarrollo.

En 1977, Don Riso descubrió y comenzó a desarrollar lo que hoy se le conoce como los nueve niveles de desarrollo, que son las estructuras internas que conforman el tipo de personalidad en sí. En otras palabras, lo que Don Riso enseña es que tienes una estructura interna que constituye la personalidad central que tienes. Dentro de estas estructuras internas hay capas y, dependiendo de tu nivel, se manifestará una cierta demostración de comportamiento de tu tipo de personalidad. El rango es muy amplio, desde saludable, promedio, y hasta niveles insalubres más bajos.

Este descubrimiento fue mejorado aún más por Don Riso y Russ Hudson en la década de los noventa. Son los únicos maestros del Eneagrama que incluyen esta estructura interna en sus enseñanzas del Eneagrama. El libro recomendado en el capítulo nueve, *"Widsom of The Enneagram"* (La Sabiduría del Eneagrama), también puede ayudarte a comprender mejor lo que estos maestros entienden por niveles de desarrollo, más cómo elevarte más en tu desarrollo.

Desarrollaron estos nueve niveles de desarrollo para ofrecer una estructura "esquelética" de cada tipo, que puede ser muy útil para terapeutas, consejeros y otras profesiones médicas que trabajan con un paciente.

También puede ser muy útil para ti cuando intentas comprender a otra persona. Al aprender más sobre los nueve niveles de desarrollo dentro de su tipo de personalidad, y en dónde se encuentran en un momento dado, puedes comprender si la persona está funcionando dentro del rango saludable, promedio o insalubre y apoyarlos en consecuencia.

Hay otros libros disponibles en línea de Don Riso, pero te animo específicamente a que revises la Sabiduría del Eneagrama si te sientes listo para sumergirte a mayor detalle dentro de tu personalidad central.

Esto no es un requisito. Puedes mejorar rápidamente tu trabajo, las relaciones, la salud y el estilo de vida en general con la información que se comparte solo en este libro. Así que, si no buscas ser un experto en esto, no te preocupes. Ya tienes todos los conocimientos necesarios para mejorar tu capacidad de auto-reflexión y mayor conciencia. El resto se desarrollará por si sola a medida que continúes trabajando para comprenderte a ti mismo y mejorar las áreas de debilidad que llegan a tu conciencia.

Ahora que has dado los primeros pasos hacia adelante, no hay marcha hacia atrás. Tu trabajo, tus relaciones y cómo te percibes a ti mismo nunca podrán volver a ser las mismas. Si has realizado el trabajo interno, tendrás una mejor oportunidad de controlarte en cualquier entorno o situación en la que te involucres. También tendrás más confianza en la planificación de tus metas futuras. Tener este equilibrio interno y externo es lo que necesitas para prosperar como tu verdadero ser en nuestro mundo moderno. ¡Ahora que tienes una mejor comprensión y haces que la herramienta funcione y cultive la calidad de vida que siempre has deseado!

LIBRO 2 : LA GUÍA DE SUPERVIVENCIA PARA LOS EMPÁTICOS

INTRODUCCIÓN A LA EMPATÍA

En un mundo donde las emociones a menudo se han asociado con la debilidad, puede ser bastante difícil adaptarte a la sociedad si eres empático. Es aún peor cuando (como yo solía ser) ni siquiera sabes que eres empático, porque a menudo lo que sucede es que siempre te encuentras atrapado en emociones, relaciones o entornos que te chupan la vida.

Enfrentar tus emociones (y las de los demás) en un mundo que no aprecia ni valora tus sensibilidades puede ser abrumador y muy perjudicial para tu bienestar. Hay una sensación real de asfixia e impotencia que acompaña este desafío que debe abordarse y tratarse lo antes posible en la vida, de lo contrario, la felicidad se convierte en una tarea desalentadora.

Este libro y toda la información que contiene están hechos con el único propósito de ayudarte a ti, el lector, a llegar a una nueva comprensión de lo que realmente significa ser Empático.

Seguramente has oído a mucha gente hablar de esto. Tanto la ciencia como la espiritualidad parecen tener conceptos sólidos sobre lo que significa ser empático. ¿Pero sabes qué? Al final del día, solo un empático puede entender completamente lo que se siente al pasar por la vida humana diaria como tal. Y hasta donde yo puedo ver, no hay mucho conocimiento existente en la forma de navegar con éxito en este camino de ser empático. En el mejor de los casos, encontramos material que parece aumentar la confusión o fomentar un estilo de vida que se siente aislado e insatisfactorio.

Entonces, si como yo quieres disfrutar de la vida al máximo sin dejar de honrar las sutiles diferencias que te permiten percibir la vida humana a través de lentes diferentes, entonces este libro puede ayudarte a alcanzar dicho fin.

Esto es lo que este libro no es:

Antes de comenzar, aquí hay algunas aclaraciones sobre lo que puede esperar al leer este libro y de qué no se tratará. No se trata de esas tonterías de género que se aíslan una de la otra, ya que encuentro que es completamente innecesario, puesto que la investigación en PAS (personas altamente sensibles) muestra que no hay diferencia entre hombres y mujeres.

No justificará ni alentará un comportamiento inexcusable y no se trata de elevar la empatía sobre las personas "normales". No tengo intención alguna de verte vivir una vida aislada, y ciertamente no quiero ayudarte a "evitar" cualquier cosa que realmente fomente una experiencia humana más saludable y feliz. Siento que ya sabes muy bien qué evitar. ¡Ciertamente no necesitas mi ayuda con eso!

Pero lo que probablemente necesites es una mayor claridad sobre cómo puedes enriquecer tu vida y extenderte más allá de tu zona de confort actual que abstrae la libertad que puedes sentir al quemar tu corazón.

Esta es mi intención al escribir este libro. Si resuenas con la idea de superar las limitaciones que la sociedad a menudo impone a aquellos de nosotros que somos altamente sensibles y dotados de habilidades empáticas, entonces es hora de que comencemos este viaje.

Marca tu ritmo. Confía en este proceso y sepa que saldrás más valiente y tendrás más poder si absorbes abiertamente las ideas contenidas en cada capítulo.

¿Comenzamos?

LA DIFERENCIA ENTRE TENER EMPATÍA Y SER EMPÁTICO

"Cuando comienzas a desarrollar tus poderes de empatía e imaginación, todo el mundo se abre a ti"

- *Susan Sarandon.*

La empatía es un atributo que cualquiera puede aprender. Y, hasta cierto punto, todos practicamos la empatía en diversos grados a medida que interactuamos entre nosotros. Pero mostrar empatía y ser empático en realidad no es lo mismo.

Aquí se explica cómo procesar la diferencia entre los dos.

Imagina que estás sentado en un Starbucks con dos de tus amigas que quieres mucho. Ambas fuertes en carácter y aunque con personalidades diferentes, sabes que ambas tienen grandes corazones.

De repente, una pareja sentada a tu lado provoca una escena. El tipo golpea la mesa con ira derramando un delicioso Frappuccino por todas partes y grita algunas palabras antes de pisotear. La mujer a quién dejó atrás se siente completamente abrumada y avergonzada. Las lágrimas corren por sus coloradas mejillas y ella baja la cabeza lo más bajo posible mientras trata de limpiar rápidamente el desorden creado. Por un momento, todos los ojos están puestos en ella y literalmente puedes sentir todo lo que ella sintió.

Una de tus amigas se vuelve hacia ti y te pregunta: "¿Deberíamos ir allí y ver si podemos ayudar?" Cuando miras a tu amiga, notas que sus mejillas están sonrojadas y sus ojos están tan llorosos como los tuyos. Es casi como si ambos estuvieran experimentando lo que experimentó la pareja. Antes de que puedas responder, tu otra amiga salta y dice: "No, ella estará bien. Mira, ya ha dejado de llorar. Olvídalo."

¿Qué acaba de pasar en ese escenario?

Una de tus amigas mostró cierta empatía y reconoció la incomodidad de la mujer, pero eso fue todo. Estaba contenta de seguir con su día como si nada hubiera pasado. Tu otra amiga, sin embargo, pareció haber tenido una experiencia completamente diferente. La química de todo su cuerpo cambió. Y tú también lo sentiste, ¿no?

Esta es la sutil diferencia entre mostrar empatía y ser empático.

La empatía es la capacidad de comprender y compartir los sentimientos de otro. Con un poco de esfuerzo consciente, todo ser humano tiene la capacidad de demostrar empatía cuando la situación lo requiere.

Sin embargo, cuando uno es empático, es una experiencia completamente diferente. Es más bien como tener un don elevado y la capacidad de ponerse en el lugar de otra persona. Un empático tiene el poder de salir de su propia experiencia y entender lo que otra persona dice, piensa y siente. Es más que solo ser una persona altamente sensible y va más allá de sentir emociones.

Según la ciencia, los empáticos son muy sensibles y pueden procesar las emociones más rápido e íntimamente. El acrónimo común para esto es PAS, que significa una Persona Altamente Sensible. No se debe confundir a una persona altamente sensible con un buscador de atención o con personas demasiado sensibles que disfrutan de comportamientos desagradables infundidos de berrinche. Significa que tienes una alta sensibilidad de procesamiento sensorial. Un verdadero PAS suele ser muy consciente de los sentimientos de los demás y muy reacio a provocar una escena.

Entonces, como habrás adivinado por el ejemplo que compartí de tus dos amigas, una de ellas demuestra empatía, lo cual es genial. Pero es más probable que tu otra amiga sea considerada una empática.

Una verdadera empatía va más allá de ser un PAS; él o ella también tiene habilidades empáticas que, cuando se dominan, dan como resultado un ser muy poderoso capaz de varias cosas, como curar a otros. Pero lo veremos un poco más adelante en el libro.

La pregunta natural que sigue es: ¿cómo se sabe si uno posee habilidades empáticas o no?

Quiero decir, ¿realmente sabes si eres empático? ¿Qué tal si finalmente arrojamos algo de luz sobre eso?

Un autodiagnóstico que responde a una pregunta: ¿Soy un empático?

> "Creo que todos tenemos empatía.
> Puede que no tengamos el coraje
> suficiente para mostrarlo".
> -Maya Angelou

Crecí como la mayoría de los niños con padres que querían que yo encajara y fuera como todos los demás niños. Excepto que simplemente no era como los otros niños. Estar solo me hizo sentir mejor. No podía soportar estar en grandes multitudes. Al crecer, recuerdo haber visto algo en la televisión que era una historia particularmente mala y me asustó por completo. No recuerdo exactamente de qué se trataba la mala historia, pero sí recuerdo lo sorprendida que estaba mi madre cuando 3 horas después me encontró todavía encerrado en mi habitación sollozando histéricamente.

Estos "incidentes" seguían apareciendo a mi edad adulta, a veces haciéndome pasar días en total aislamiento sintiéndome muy incomprendido por todos, incluyendo mi pareja. Durante un tiempo tuve un compañero de cuarto y pude sentir su resentimiento y enojo cada vez que entraba por la puerta. Era casi como si yo respirara la energía de quien estuviera cerca de mí en cualquier momento dado.

Fue difícil. La gente me llamaba de mal humor, demasiado sensible e impredecible. Al crecer me dijeron que necesitaba tener una piel mas gruesa y dejar de tomar todo tan personalmente. Pero eso es porque nadie en mi entorno se tomó el tiempo para comprender lo que realmente estaba sucediendo dentro de mí.

No es fácil pasar por la vida diaria sintiendo que nadie te entiende. ¿Me comprendes?

A decir verdad, a medida que envejezco y maduro, se vuelve más evidente que hay varios niveles de empatía. Es casi como un espectro con diversos grados, desde los más altos (verdaderos empáticos con habilidades curativas) hasta aquellos que sufren de una deficiencia grave (narcisistas). Hay personas que son muy sensibles y muy conscientes de todas las diferentes energías a su alrededor, y hay quienes lo han llevado a un nivel completamente nuevo donde es casi como si las energías circundantes de otros los dominaran. Sienten en sus cuerpos el mismo sentimiento, ya sea bueno o malo, que otro está experimentando.

Estas son las personas que a menudo informan que esta experiencia de los sentimientos de otras personas se vuelve intrusiva e incontrolable. Independientemente de cuán crónicos sean tus niveles de empatía, es prudente hacer una autoevaluación para ponerte más en contacto con quién eres realmente.

Así que aquí hay preguntas reflexivas para ayudarte en esta búsqueda para comprender por qué sientes y experimentas la vida como lo haces. Ten en cuenta que esta lista de preguntas es solo un panorama general para ayudarte a obtener esa claridad inicial. Si deseas profundizar en ti mismo, te recomiendo tener una conversación con un entrenador o un experto en empatía.

Como regla general, si responses afirmativamente al menos a 6 de estas 12 preguntas, definitivamente eres un empático con dones increíbles que deben utilizarse positivamente en el mundo.

1. **¿Normalmente me atraen los animales y puedo sentir sus emociones?**
2. **¿A menudo me siento abrumado en grandes multitudes o en presencia de otros?**

3. ¿Me atraen fuertemente las personas que experimentan dolor emocional?
4. ¿Necesito aislarme de los demás regularmente para tener un tiempo de inactividad?
5. ¿Sueño a menudo vívidamente con eventos futuros? ¿Suelen cumplirse mis sueños?
6. ¿Puedo saber cuándo alguien no es honesto o auténtico?
7. ¿Poseo algún poder curativo?
8. ¿Encontrar tiempo para el cuidado personal a menudo me parece una lucha?
9. ¿Me considero alguien de espíritu libre con un disgusto por el control, las reglas y la rutina?
10. ¿Estoy luchando constantemente con mi peso corporal?
11. ¿Tengo una fuerte racha creativa y una vívida imaginación?
12. ¿Es la violencia intensa, la crueldad de cualquier tipo o la tragedia totalmente insoportable para mí?

¡Felicidades!

Ahora sabes más sobre quién eres realmente. Si

respondiste que sí a la mayoría de las 12 preguntas, si no a todas, no solo tienes habilidades empáticas, sino que también tienes la oportunidad de marcar una diferencia especial en nuestro mundo actual.

Sí, es verdad. Los empáticos están teniendo un momento particularmente difícil en nuestro mundo moderno que tiene un ritmo acelerado. Se está transmitiendo mucha negatividad y, desafortunadamente, vienen directamente a ti. Pero mantén el ánimo, pues no está perdida toda la esperanza. Hay mucho trabajo por delante si queremos cambiar las cosas y dejar de ser víctimas de las emociones negativas que emanan.

Este regalo que acabas de descubrir y validar es una bendición. Pero para que puedas aprovecharlo y disfrutarlo como tal, necesitarás más conocimiento sobre cómo prepararte para poder caminar por esta tierra como una fuerza positiva para el bien, curar a los que lo requieren y lo piden, respirar esas energías que provienen de la atmosfera que nutren y traen prosperidad, e interpretar tu papel de un ser amoroso y dotado.

Ese es el nuevo capítulo de tu vida que te espera, por eso te animo a seguir leyendo las páginas de este libro y descubrir cómo elevarte al punto de prosperar como un empático.

¿Cómo aparece la empatía y cuáles son los efectos?

La mayoría de las veces, las cosas que podrías experimentar a medida que vives tu vida diaria pueden no tener mucho sentido para ti y los demás a tu alrededor, especialmente si no sabes que eres un empático.

A menudo, los empáticos sienten que el peso del mundo está sobre sus hombros. Hay un sentido de pesadez, tristeza, ansiedad, depresión y una sensación general de incomodidad que siempre se avecina en el fondo de todo lo que hacen.

Recuerdo la primera vez que conseguí el trabajo de mis sueños trabajando en una compañía de entretenimiento de rápido crecimiento que tenía establecimientos en América, Europa y África. Mis amistades y relaciones familiares eran geniales y me encantaba mi trabajo. Era la primera vez que formaba parte de algo tan grande y podía permitirme vivir en un gran apartamento hermoso en Jersey. Para un observador externo, tenía una vida perfecta.

Pero había una incomodidad que simplemente no podía sacudir y había una sensación pesada que me acompañaba constantemente. La mayor parte de mis tardes las pasaba tratando de lidiar con esta fatiga enorme que ni siquiera el sueño estaba curando. ¿Que estaba mal?

Aún inconsciente de mis habilidades, no me daba cuenta de las diversas formas en que aparecían en mi vida diaria. Así que me seguía topando con condiciones y circunstancias que creaban sensaciones sutiles muy negativas que me impactaron.

Ahora, tu caso podría ser diferente.

Podrías experimentar molestias más relacionadas con tu salud o relaciones. Mucha gente con habilidades empáticas informa sobre diversas luchas de salud y enfermedades como la agorafobia, fatiga crónica, alergias y fibromialgia.

A nivel emocional, la comunidad que vemos tienden a tener experiencias de ansiedad, depresión e incluso ataques de pánico. También podría ser que notas que cada vez que alguien a tu alrededor se enferma, rápidamente detectas los mismos síntomas. Incluso cosas simples como contraer resfriados de otros podrían ser el efecto de ser un empático ciego. También es posible que tengas una visión borrosa periódica que simplemente no puedes explicar. Casi como si hubiera una sutil capa invisible que evita que tus ojos vean con claridad.

Y debido a que generalmente estamos tan inmersos en los sentimientos y estrés que otros están sintiendo, nuestro cuidado personal a menudo se descuida porque olvidamos trabajar en nuestras verdaderas necesidades internas, ya que siempre hay capas de otras personas que cubren nuestras necesidades internas reales.

Otras áreas donde es posible que debas observar para ver lo que se muestra son:

tus relaciones, amor y experiencias sexuales. Si te encuentras recreando relaciones que son tóxicas, poco saludables e improductivas, esto podría deberse a tus habilidades empáticas que aún no se han aprovechado y controlado. Nos sumergiremos más en esto en un próximo capítulo.

Pero aquí hay algo que debes recordar. Cuando caminas inconscientemente siendo controlado por tus habilidades especiales, a menudo serás absorbido por compañeros y experiencias que terminan lastimándote.

La tendencia a excederse o volverse adicto también puede ser un problema, para tener cuidado. Los empáticos por lo general recurren a adicciones como la comida, el sexo, las drogas, el alcohol e incluso las compras para bloquear sus sensibilidades. Muchos luchan con problemas de peso porque ese relleno adicional se usa como mecanismo de defensa para protegerse contra la energía negativa.

Judith Orloff, doctora en medicina y autora de la libertad emocional ofrece una teoría energética de la obesidad: "Cuando los empáticos son delgados, tienen menos relleno y son más vulnerables a absorber el estrés. Los curanderos religiosos de a principios del siglo XX eran famosos por ser extremadamente obesos para evitar contraer los síntomas de sus pacientes, una trampa común en la que he visto caer también inconscientemente a los practicantes de la curación moderna; la comida es un dispositivo regulatorio."(" Dra. Judith Orloff., La Energía de los Alimentos: Una Pieza Faltante en la Pérdida de Peso")

También argumenta que muchos de sus pacientes aumentan de peso para protegerse contra el estrés en el hogar y en el trabajo. Tus habilidades de percepción, sueños vívidos, la habilidad de sentir la energía de las personas y una intuición poderosa no deben ser ignorados. Estos aparecen en tu vida diaria porque tu alta sensibilidad puede interpretar y percibir las cosas a un nivel elevado. Cuanto más aprendas a aprovechar tus poderes, más poder tendrás para usarlos de manera positiva.

Los efectos que experimentarás variarán mucho dependiendo de qué tan desarrolladas y nutridas sean tus habilidades empáticas. Y lo que notarás es que cuanto más aprendas a apreciar y utilizar eficazmente tus dones, más alegre y liberado te sentirás.

Por supuesto, hay un efecto muy positivo y sustentable de ser empático. Y estos también aparecerán en tu vida diaria. Aprende a detectarlos y presta más atención a los efectos especiales positivos de los que te das cuenta.

Esta puede ser una mayor sensación de creatividad en las cosas que te apasionan. También puede ser tu habilidad para ser un gran líder y jugador de equipo. Sí, incluso si eres introvertido, puedes ser un gran líder porque estás más inclinado a notar los pequeños detalles que los otros no ven. Tu capacidad de sentir lo que otros sienten también te convierte en un activo importante en el trabajo porque tratarás a las personas de manera justa y con un verdadero entendimiento.

La resonancia especial que a menudo sientes con la naturaleza, los jardines, el agua o el vínculo que puedes sentir con los animales y las personas necesitadas te convierten en un individuo maravilloso. Te abre a la riqueza de la naturaleza y te permite ver siempre la imagen más grande de la vida.

Como puedes ver, la lista es infinita, y cuanto más entres intencionalmente en el día buscando estos efectos positivos, más larga se vuelve tu lista. Así que definitivamente te animo a que comiences a hacer esa lista porque, contrario a lo que te dijeron cuando eras niño, las habilidades empáticas no son algo de que avergonzarse.

Esta es la persona para la cual naciste, y ya es hora de que aceptes sin complejos tu verdadero yo.

Las ideas falsas que necesitas desechar sobre ser empático

Hay tantos mitos y conceptos falsos que han circulado durante años sobre ser empáticos y siento que muchas de estas ideas en realidad nos dificultan vivir vidas fortalecidas. Comencemos desacreditando algunos de estos y veamos si alguno de ellos te ha llamado la atención.

Idea falsa #1: Ser empático es algo totalmente espiritual

Este es definitivamente un concepto erróneo básico que segrega a los empáticos. Si bien las líneas a veces se cruzan entre la ciencia y la espiritualidad, no es necesario ser espiritual en lo absoluto, religioso o un sanador espiritual para ser empático.

En el libro *"La Guía de Supervivencia del Empático"*, Judith Orloff empieza diciendo que los empáticos tienen un hiperactivo sistema de neuronas espejo para que podamos sentir lo que otras personas están pasando, y que los narcisistas tienen un trastorno deficiente de empatía. Esto es un hecho científico, no una especulación espiritual.

Mi verdad:

La investigación científica ha demostrado la existencia de los empáticos. Para ser justos, este es un estudio muy reciente en el mundo de la ciencia y apenas entendemos el aspecto neurológico detrás de la empatía en general. Pero está surgiendo una nueva investigación que respalda la existencia de los empáticos.

El Dr. Michel Banissy, profesor de Psicología en Goldsmiths, y su investigadora post-doctoral, la Dra.

Natalie Bowling, han pasado años investigando la empatía y la sinestesia táctil. Aunque todavía tenemos un largo camino por recorrer, los resultados muestran que entre el uno y el dos por ciento de la población dan a conocer que experimentan condiciones asociadas con ser empático.

Y el hecho aún es cierto. Mi cerebro demostrará habilidades empáticas, este inclinado espiritualmente o no. Por lo tanto, para la comprensión de los empáticos no se requiere de algo poco práctico y esotérico.

Idea falsa #2: Las habilidades empáticas son un trastorno o una enfermedad mental

Si bien es cierto que a menudo nos encontramos con situaciones abrumadoras y escenarios que nos dejan sintiéndonos físicamente enfermos, ciertamente no es cierto que los empáticos sufran trastornos mentales o algo por el estilo.

Mi verdad:

Las emociones y las sensaciones físicas que tienes no tienen por qué avergonzarte. ¡No hay nada malo contigo! No estás enfermo ni loco.

Déjame decirlo de nuevo...

No te avergüences ni te sientas menos porque posees habilidades para percibir cosas mucho mayores que el público en general. La población humana se ha vuelto tan insensible que es más fácil etiquetar y clasificar a esos grupos de personas que no encajan en la vista modelo del status quo, como los empáticos que poseen poderes de percepción más elevada.

Idea falsa #3: Ser empático significa que eres débil y que eres una víctima

Las emociones son para los débiles y las personas demasiado sensibles. Apuesto a que has escuchado eso toda tu vida. Esta falsa creencia ha estado impregnando la conciencia humana durante siglos. Mostrar tus emociones a menudo se ve como un signo de debilidad. Mucha gente asume que los empáticos son débiles, y codependientes de los demás. Muchos creen que los empáticos viven en un estado de victimización siempre temerosos del mundo que los rodea.

Revelar a las personas tu verdad y lo que puedes sentir en ellas es tan aterrador para aquellas que están desconectadas de sus propias emociones, que a menudo te llaman un bicho raro. Quizás es por eso que la mayoría de los empáticos se vuelven reclusos.

Mi verdad:

Todos estos conceptos erróneos son prejuicios generalizados y nada cercano a la verdad. El hecho de que podamos procesar rápidamente emociones y sensaciones que la mayoría de la población no comprende no significa que somos más débiles. En todo caso, prestamos más atención a los sentimientos de los demás y prestamos mucha atención a cómo tratamos a los demás. No hay necesidad de que te justifiques ni te ofendas cuando alguien rechaza quién eres. Solo recuerda que, para la mayoría de la gente, tu forma de ser es incomprensible e ilógico para ellos.

Y cuando se trata de asumir la responsabilidad, recuperarse de los desafíos y trabajar duro para hacer una diferencia, los empáticos se desempeñan tan bien como cualquier otro ser humano. Una empático puede ser tan fuerte, responsable y exitoso en el mundo como cualquier otra persona, así que no dejes que las limitaciones o temores de otras personas te hagan conformarte con algo menos de lo que tu corazón desea.

Idea falsa # 4: los empáticos son todos introvertidos.

Pareciera que la mayoría de los empáticos son introvertidos, pero esto ciertamente no es verdad en todos los ámbitos.

Mi verdad:

Individuos con todo tipo de características poseerán habilidades empáticas. No sientas que debes "encajar" en una categoría en particular para ejercer tus dones empáticos. Puedes ser extrovertido, introvertido, ambivertido, o ninguno de los anteriores y seguir siendo empático.

La idea de la introversión como requisito previo para ser empático simplemente no es verdad.

Ahora que has eliminado algunas de las nociones falsas que pudieron haber jugado un papel en restringirte, tómate un momento para ver si surgen otros mitos. Te animo a que las escribas en una hoja de papel y al lado escribas tu verdad. Convierte todas las falsas creencias activas en tu mente sobre lo que significa ser empático en ideas constructivas que fomentarán una mentalidad saludable a medida que avances al siguiente capítulo.

BIENESTAR EMOCIONAL Y SALUD

"La salud es una relación entre usted y su cuerpo".

- Desconocido

Dado que todos sabemos que ser empático tiene que ver con la energía y nuestras sensibilidades, ¿no tiene sentido ser más proactivo a la hora de gestionar las energías relacionadas con nuestra salud y bienestar?

Por desgracia, la información que es compartida en abundancia en línea se centra más en "esconderme" y "protegerme" del mundo.

Para mí, hay una falla fundamental en esta mentalidad, porque al solo enfocarme en esconderme o crear estrategias defensivas que mantengan las cosas negativas fuera, esencialmente estoy dando mi poder de atención e intención justo a aquello que no quiero.

Piénsalo por un minuto. *"Permítame construir una defensa y un escudo fuerte para mí"* no puede ser la única solución. Es bueno para el alivio inmediato y temporal cuando uno se enfrenta a un peligro inesperado, pero no puede ser una solución a largo plazo. No me ayudará a prosperar o vivir una vida en libertad porque la vibración activada en este patrón de pensamiento es_ estoy tomando negatividad todo el tiempo.

Aquí está la cosa.

Cuando eres empático, es como ser una esponja que absorbe todo en tu entorno. Pero no tienes que ser una esponja humana andante o ser víctima de este regalo. Tienes el poder de ser una persona altamente sensible, pero puedes ser capaz de interpretar y sentir la energía a un nivel elevado y aun así poder controlar lo que ingresa a tu dominio de autoridad y lo que se mantiene fuera.

No solo eso, sino que también tienes el poder de mejorar tus habilidades para poder emanar y "recoger vibraciones" que son predominantemente buenas para ti. ¿Lo sabías?

¿Te imaginas cuán mejor podría ser tu mundo si encontraras este equilibrio?

Tu poder se vuelve interminable.

Deepak Chopra dice que comprender tu tipo único de cuerpo-mente, o *dosha*, y aprender a tomar las decisiones correctas para restablecer el equilibrio es crucial si deseas disfrutar de una buena salud. En la respuesta de un artículo a uno de los seguidores de Oprah.com donde la pregunta planteada fue de una mujer de 43 años que estaba experimentando ansiedad y estaba abrumada al sentir que su mundo se desmoronaba, la respuesta de Chopra fue muy simple e informativa.

"En el sistema de medicina tradicional India conocido como Ayurveda, uno de los elementos básicos en el maquillaje de una persona se le conoce como Vayu, o viento. Da lugar a una cualidad conocida como Vata, el aspecto de la mente y el cuerpo asociado con la espontaneidad, el cambio, la resistencia y la vitalidad. Cuando el Vata está fuera de balance, surge la inquietud, la preocupación, la confusión, la indecisión, la ansiedad, y una incapacidad general para calmarse o ver bien. ("Pregunte a Deepak: Cómo encontrar el equilibrio cuando se siente abrumado, abril de 2010")

Como habrás adivinado, la mayoría de nosotros luchamos con muchos, si es que no con todos estos síntomas, y no debería ser un estilo de vida normal para nosotros. Necesitamos llegar a la raíz del problema y recuperar ese equilibrio.

La clave para lograrlo es empezar a reconocer que puedes tener patrones de comportamiento que no se alinean con tu verdadera naturaleza. Cuanto más te armonices con tu propio poder individual, encuentres el equilibrio y trabajes para aumentar tu propia energía, más fácil será obtener un bienestar y un estilo de vida saludable. Todo empieza con adquirir un nuevo conjunto de creencias y una nueva perspectiva.

Si crees que tus poderes te debilitan y que estás a la merced de todo y de todos en el mundo, esa será tu energía dominante. Y va a ser difícil crear cualquier otra realidad.

¿Qué es lo que crees sobre tus emociones y habilidades empáticas?

Entender y controlar las emociones

La sociedad moderna continúa haciéndonos un gran mal servicio a la hora de comprender y controlar nuestras emociones a pesar de que la ciencia muestra una correlación directa entre una gran salud y emociones equilibradas.

Puesto que también hemos heredado algunos patrones debilitantes de pensamiento, cada vez que surge un conflicto, en lugar de aprovechar el tiempo para procesar las emociones, a menudo las bloqueamos e intentamos absorberlas.

Frustrar las emociones no es nada saludable tanto física como mentalmente, especialmente para los empáticos que son siempre muy sensibles. Así que volvamos a lo básico de este tema.

¿Qué son los sentimientos y las emociones y por qué son importantes?

Al contrario de lo que piensa la mayoría de las personas, los sentimientos y las emociones no son lo mismo.

Una emoción es una sustancia química que se libera cuando interpretamos un estímulo específico. Un sentimiento es la integración de esa emoción liberada y nos volvemos conscientes de los efectos o consecuencias de la emoción liberada de nuestros cuerpos y cerebro. Luego se crea un ciclo de retroalimentación donde ese sentimiento provoca una mayor liberación de emociones y nuestra intensidad de sentir aumenta en el proceso.

Es importante para nosotros tener emociones porque esto es lo que nos ayuda a interpretar los datos en bruto sobre el mundo que nos rodea, y nuestros sentimientos nos ayudan a crear un significado a partir de los datos que percibimos. No hace falta decir que, para nosotros, como empáticos, es vital dominar la interpretación de las emociones que recibimos. Igual de importante es el hecho que necesitamos obtener inteligencia emocional y desarrollar habilidades de filtrado, para que a medida que procesemos esa experiencia psicológica altamente sensible que se lleva a cabo constantemente mientras estamos expuestos a otras personas, animales y el entorno, tengamos la capacidad de identificar las energías que querremos permitir en nuestro espacio energético y aquellas que queremos expulsar tan rápido como sea posible para evitar ser lastimados.

La mayoría de los empáticos quieren saber si pueden elegir sentir solo buenas energías.

Bueno, en realidad puedes. Pero la forma en que llegas al nivel en el que puedes discernir y elegir interactuar predominantemente y combinar solo con buenas energías depende de tu capacidad de recuperación emocional.

Tener el poder de elección significa que debes estar expuesto a opciones entre las que puedes elegir y elegir lo que deseas. Entonces, si estás buscando experimentar lo mejor de la experiencia empática, debes dejar de huir de lo negativo (al huir le estás dando poder sobre ti) y en su lugar domina tu poder para que nada de lo que no elijas pueda ocupar tu espacio. Esto requiere diligencia y práctica. Necesitas mucha autoconciencia, amor propio y auto comprensión.

Tus emociones son tu sistema de guía. Te ayudan a navegar esta experiencia humana. Lo que sientes en un momento dado es la conciencia de la frecuencia que estás transmitiendo al universo, ya sea que esa emoción se haya originado contigo o no.

Cuando tu mente impide el flujo de emociones porque son demasiado abrumadoras o conflictivas, eso afecta tu cuerpo y produce un malestar psicológico y síntomas que, si no se controlan, pueden convertirse en enfermedades crónicas tanto físicas como mentales.

El estrés emocional y las energías bloqueadas se han relacionado con enfermedades mentales y problemas físicos tales como problemas digestivos, problemas de espalda, enfermedades cardíacas, migrañas, trastornos autoinmunes, insomnio y mucho más. El *Diario de Psiquiatría* publicó un estudio que realizaron en el que encontraron que los empáticos son más susceptibles a la depresión y la ansiedad en general. El estudio concluyó que los individuos socialmente ansiosos pueden demostrar un perfil único de habilidades cognitivas sociales con tendencias elevadas de empatía cognitiva y una alta precisión en las atribuciones afectivas del estado mental. Es esta hipersensibilidad a las emociones lo que también puede causar que los empáticos se enfermen con más frecuencia que otros cuando no se manejan adecuadamente.

Cuanto más consciente seas de tus propias emociones y mejor las manejes, más fácil será controlar y manejar todas las otras emociones que captas al interactuar con el mundo. Es hora de empezar a ver cómo te sientes realmente contigo mismo.

¿Te sientes seguro en este mundo?

¿Te sientes incomprendido?

¿Te sientes solo y a merced de energías que son más poderosas que tú?

Eres más poderoso de lo que piensas y tienes la capacidad de controlar mucho más de lo que crees.

¿Puedes detener las habilidades empáticas si estás cansado de sentirte agotado emocionalmente y ya no quieres ese poder?

La respuesta corta es no. No hay forma de detener tu regalo. En esta vida, no tienes elección sobre la creación. Mientras respires y camines en ese cuerpo humano, continuarás creando junto con la vida. Los detalles y la calidad de esa creación dependen totalmente de ti, pero no puedes detenerlo ni pausarlo.

Todos los dones con los que viniste a la tierra son tuyos siempre que recorras esta experiencia humana. Puedes elegir qué tan poco o cuánto usarlos. Y el que puedan convertirse en una carga o una bendición, eso depende totalmente de ti. Querer poner fin a tu capacidad de sentir a otras personas y al medio ambiente es una lucha que no puedes ganar porque, en la red de la vida, todos estamos conectados. La única diferencia es que algunos de nosotros somos más conscientes de esa conexión que otros.

En lo que te conviene centrarte es en cómo manejar

tus emociones, dominar tu mente y en filtrar mejor las energías con las que interactúas a medida que transcurre tu día. Estas son todas las cosas que puedes aprender fácilmente que, a su vez, te ayudarán a relacionarte mejor con las diferentes sensaciones y energías a tu alrededor de una manera constructiva.

Aprender a dejar de absorber los síntomas de otras personas

Poco después de ser presentado con el hombre quién pensé que sería mi verdadera alma gemela, me quedó claro que algo no estaba bien. Claro que la intimidad se sentía increíble y estaba totalmente enamorada, pero empecé a notar un patrón.

Después de pasar un fin de semana con él, me encontraba el domingo por la noche acurrucada en mi cama con la misma gripe que acababa de contraer. A menudo, la cita por la noche sería divertida, pero por Dios, era tan agotante. Justificaba la fatiga crónica y la pesadez de varias maneras, pero ni una vez sospeché que simplemente estaba absorbiendo su perspectiva demasiado cínica y negativa sobre la vida y la gente. Sentía que estaba dando, dando y dando un poco más, pero él no estaba dispuesto a devolver nada.

Nuestras conversaciones en la cena abarcaron una variedad de temas, desde la política hasta la situación actual de las redes sociales, en gran parte del cual yo era simplemente una oyente silenciosa que trataba de entender a este hombre del que estaba profundamente enamorada.

Desafortunadamente, a medida que las semanas se convirtieron en meses, mi salud, estabilidad emocional y bienestar general comenzaron a sufrir una grave recesión.

Ahora, no estoy señalándolo con el dedo ni culpándolo por nada. Simplemente quiero mostrarte cómo a veces la gente más cercana a nosotros puede convertirse en catalizadores de mucho dolor agonizante, incluso sin saberlo.

No era necesariamente un mal tipo y estoy segura de que para cualquier otra mujer no sería un problema. Pero cuando eres una esponja abierta con un cuerpo poroso que absorbe todo en tu entorno, las personas con las que pasas más tiempo pueden convertirse en una gran responsabilidad. Esto no significa que te conviertas en un lobo solitario. Nada que ver.

Como he aprendido a lo largo de los años, se trata más de aprender a asentarse y establecer límites saludables que te permitan procesar mejor las emociones y filtrar el dolor, el estrés y los conflictos que ocurren a tu alrededor.

Pero primero, debes darte cuenta de que esto realmente está sucediendo en tu vida. No puedes vivir en negación solo porque te preocupas por alguien.

Aquí está lo más importante para recordar siempre:

Cuando te des cuenta de que hay un patrón en tu vida donde ciertas personas, situaciones u otros detonantes provocan molestias físicas que no pueden diagnosticarse médicamente, entiende que no estás imaginando cosas o volviéndote loco. Tu eres simplemente una persona muy sensible con un don que debe ser desarrollado, alimentado y gestionado con éxito.

El objetivo primordial de aprender a incorporar tus habilidades empáticas y convertirte en un verdadero empático es para que puedas dejar de estar a merced del dolor, el estrés y los conflictos de otras personas.

Las personas altamente sensibles absorben cualquier cosa y, a menudo, no tienen control sobre ello. Un verdadero empático ha dominado sus habilidades y no se siente abrumado automáticamente por las emociones de otro. Así es como yo personalmente he redefinido para mí lo que significa ser empático. ¿Cómo vas a redefinirlo por ti mismo?

Si realmente está listo para dominar tus habilidades especiales, entonces es hora de equiparse con estrategias de vida simples que te fortalecerán y ayudarán a centrarte para que finalmente puedas dejar de absorber las disfunciones de otras personas.

1. Usa el poder de tu respiración.

Primero, necesitas darte cuenta del poder contenido en tu respiración. Siempre que sospeches que está detectando los síntomas de otra persona, dispón de toda tu atención en la respiración durante unos minutos. Entrégate a este simple acto de respirar profundamente dentro y fuera. Úselo para asentarte y conectarte a tu poder.

2. Nómbralo para domesticarlo.

Luego, pregúntate: ¿qué es esta angustia emocional o física que estoy sintiendo? Cada vez que le asignamos una etiqueta a algo, disminuimos el impulso del impacto, lo que nos da tiempo suficiente para manejar el problema de manera constructiva.

3. Evaluarlo "en el momento".

Una vez que lo hayas puesto en primer plano en tu mente, evalúa esta emoción. No dejes que se deslice y se apodere de tu mente y cuerpo. Enfréntalo inmediatamente antes de que se convierta en un monstruo.

¿La angustia es realmente tuya o la has recogido de algo o de alguien? A veces la respuesta es ambas. Si, por ejemplo, sientes un miedo profundo y es tuyo, confronta gentilmente aquello que lo está causando. Y puedes hacerlo solo o recibiendo ayuda profesional. Sin embargo, si te das cuenta que no es tuyo, identifique el generador obvio y trabaja para liberarlo.

4. Da un paso atrás.

Esto puede ser alejándote físicamente para que puedas entrar en un espacio consciente para manejar la situación, o puede ser un distanciamiento mental. De cualquier manera, querrás crear algún movimiento que te permita empezar a alcanzar esa sensación de alivio que es absolutamente esencial para liberar energías no deseadas.

5. Hazte más consciente de tu conexión mente-cuerpo.

Sigue respirando profundamente. Busca encontrar

en qué parte de tu cuerpo te sientes más vulnerable. Lo más probable es que si puedes encontrar el lugar donde se activa la alarma, puedes cambiar rápidamente las cosas y volver a tu poder. Mientras más practiques este ejercicio, mejor sabrás cómo funciona tu cuerpo.

Por ejemplo, en mi caso, mi plexo solar es donde voy primero porque sé que mi estómago siempre es el primer lugar donde se activa mi alarma. Cuando empiezo a sentirlo en mi hombro izquierdo, sé que ha alcanzado la segunda etapa, lo que significa que el problema es más grave y necesito hacer algo rápido.

Las sensaciones físicas pueden no ser idénticas, pero la misma regla será cierta para ti. Nuestros cuerpos son comunicadores tan maravillosos. Solo necesitamos mejorar el entendimiento de las señales que envían.

Entonces, supongamos que en tu caso es un fuerte dolor de cabeza (migraña), o dolor de garganta, en el momento en que te das cuenta de estos síntomas, siéntate en silencio, relaja tu mente y cuerpo. Practica tu respiración profunda. Coloca la palma de tu mano sobre el área y practica la relajación, dándote una auto-curación. Sigue haciéndolo y hablando contigo mismo hasta que la molestia se disipe. En el último capítulo de este libro encontrarás muchas otras prácticas útiles para probar.

Si ha estado luchando contra la depresión, los ataques de pánico o el dolor crónico durante mucho tiempo, este método sencillo, cuando se realiza diariamente con intención, te fortalecerá y consolará. Es una excelente manera de volver a conectar tu mente y cuerpo y sumergirse en esa sensación de seguridad que todos necesitamos. Nadie puede curarte mejor que tú mismo. Aprende a confiar en eso.

UNA FORMA RÁPIDA DE PROCESAR EL DOLOR

El dolor es un gran tema para los empáticos, especialmente porque la mayoría de los informes, historias e información actualmente disponibles presentan un mundo muy aburrido y sombrío para los empáticos.

Lidiar con el dolor de frente no es una tarea fácil, pero es crucial para nosotros aprender cómo convertirnos en guerreros cuando se trata del dolor y sufrimiento, puesto que nuestra salud, la longevidad y el bienestar dependen de ello.

Estoy empezando a creer que una de las principales razones por las cuales los empáticos a menudo se asocian con ataques constantes de depresión, ansiedad y fatiga es porque generalmente no saben cómo lidiar con las emociones de ira, dolor y sufrimiento. En lugar de manejarlos de manera saludable, tienden a absorber y a reprimir. ¿Pero sabías que tus emociones pueden procesarse y metabolizarse de la misma manera que procesas los alimentos? Eso es lo que quiero enseñarte ahora.

Derivado de la palabra griega "em" (en) y "pathos" (sentimiento), el término empático significa que tú y yo podemos "sentir" los sentimientos de los demás. Significa que estamos muy sintonizados, sensibles y capaces de absorber la energía transmitida por el otro. Nos hace vulnerables a lo que la ciencia ha denominado "contagio emocional", lo que simplemente significa que absorberás las emociones de las personas con quienes interactúes. El problema principal con esto es que vivimos en un mundo inundado de ideas falsas, negatividad y mucha tortura emocional. Por lo tanto, el dolor y el sufrimiento silencioso son una vibración que muchas personas llevan y, cuando se exponen a él, ya sea que lo filtremos rápidamente o no, aún nos impacta.

Una gran parte de la ansiedad, la depresión y el dolor crónico que es tan común entre los empáticos en realidad pertenece a la conciencia colectiva; el estrés actual y el sufrimiento que está viviendo la humanidad. Pero la mayoría de las personas han sido literalmente condicionadas al analfabetismo emocional y se han adormecido de "sentir" sus propias transmisiones emocionales. Pero eso no significa que no transmitan esa energía de todos modos, ¿y sabes qué es lo peor? Tú y tus sensibilidades elevadas lo captarán inmediatamente al encontrarse con esa persona. Entonces quedarás atrapado con la carga de tener que lidiar con ese dolor.

¿Sabes cómo liberar el dolor y el sufrimiento de tu campo energético de manera saludable?

Aprendí esta lección de la manera difícil. Hubo un tiempo en mi vida en el que solo era una esponja humana caminando por sensaciones absorbentes que no me importaban. Todo se sintió completamente fuera de mi control. Siempre estaba cansado y con dolor. Siempre me dolía algo en el cuerpo y los analgésicos se convirtieron en mis muy buenos amigos. No fue hasta que me uní a una clase de Yoga donde mi instructor, quien adoptó un enfoque muy holístico de la vida, me iluminó sobre lo que estaba sucediendo. Mi tensión muscular, dolor en el cuerpo constante, y migraña continua eran todos los efectos del dolor acumulado al que me estaba aferrando.

Ese dolor, ya fuera mío o absorbido por otro, me estaba causando problemas importantes en mi funcionalidad, pero no sabía que era posible liberarlo de manera saludable. Como sé que los empáticos tienen que lidiar constantemente con muchas energías desafiantes, permíteme compartir el proceso simple que he estado usando desde entonces para liberar y eliminar el dolor y la toxicidad.

1. Asume la responsabilidad de las emociones que estás experimentando. Ya sea que la energía se haya originado o no en ti o en otra persona, está en tu campo energético que ahora está afectando tu cuerpo, así que asume toda la responsabilidad.
2. Sé testigo de las emociones en tu cuerpo. Siente tu cuerpo con los ojos cerrados. Observa dónde estás y cómo te sientes. Haz tu mejor esfuerzo para definirlo en tiempo presente y abstente de usar palabras que te victimicen. *Por ejemplo, en lugar de decir, Me siento herido (una mentalidad de víctima que te quita el poder) eliges decir, me siento adolorido o estoy enojado, etc.*
3. Ahora describe la cosa o situación que

envuelve este sentimiento en primera persona y cómo lo estás experimentando.
4. Descríbelo en segunda persona como si fueras un observador de ese escenario en particular.
5. Describe la misma situación y los mismos sentimientos nuevamente, pero esta vez en tercera persona como si fueras un periodista que escribe para una revista y observa qué tan distante te sientes ahora de todo el asunto.

Puedes elegir hacer este ejercicio verbalmente o escribiéndolo en papel. Si lo escribes, asegúrate de hacerlo ceremonial al final, triturándolo en pedazos o quemando el papel y declarar abiertamente: "Te libero y te dejo ir. Ahora doy la bienvenida al amor divino universal y la energía fresca para llenar todo mi ser. Haz una respiración consciente y una vez que "sientas el cambio" ¡eso es todo! Ya está hecho. Ahora pon una canción y baila en celebración u obséquiate un pastelito (como yo).

La clave aquí es notar cómo te sientes en cada etapa de este proceso.

El dolor y las emociones tóxicas no son estados a los

que debemos temer o atormentar cuando nos topemos con ellos. Solo necesitamos saber que son perjudiciales para nuestra salud y bienestar y aprender a detectarlos y liberarlos rápidamente.

Desafortunadamente, hay mucho dolor y sufrimiento flotando alrededor de nuestro planeta. Por eso es tan importante notar cómo te sientes en tu interacción con los demás. Aprende a limpiar tu energía con frecuencia y crea rituales en tu vida diaria que te ayuden a mantenerte asentado mientras interactúas con el mundo.

Influir en los demás emocionalmente:

Cuanto más aprendas a convertirte en un guerrero empático siempre firme en tu verdadero poder, más fácil será para ti comenzar a influir positivamente en los demás emocionalmente.

Donde hay dolor y sufrimiento, puedes verter alegría y esperanza. Donde hay ira puedes verter afecto y paz. Donde hay miedo, puedes expulsarlo con la energía del amor que irradia desde tu interior. Si queremos sanar nuestro planeta, solo puede ser como resultado de aprender a superar nuestra propia oscuridad y volvernos tan brillantes que nuestra luz también comience a brillar en los demás.

Tu capacidad de sentir y conectarte con la energía de otro ser humano o animal no solo te hace vulnerable, sino que también hace vulnerables a ellos a lo que sea que estés transmitiendo. Y si tu oferta vibratoria es más alta y más fuerte en frecuencia, puedes realizar milagros asombrosos para las personas sin que se den cuenta de lo que has hecho. Piensa en el bien que puedes hacer en el mundo una vez que domines esto.

ALGUNOS HÁBITOS NO SALUDABLES A EVITAR SI ESTÁS LUCHANDO CON TUS HABILIDADES EMPÁTICAS

"Nuestros cuerpos son nuestros jardines, nuestras voluntades son nuestros jardineros".

-William Shakespeare

La lucha es real; nadie puede negarlo. Es un viaje, y uno desafiante. Encontrar una forma saludable de expresarte en el mundo, mientras que al mismo tiempo manejas tus emociones y las energías de quienes te rodean no es una tarea fácil, y nadie debe aclarar el camino que está caminando. Se necesita más que fuerza de voluntad para hacerlo con éxito.

Sé lo fácil que la ansiedad y el sentirse abrumado puede inmiscuirse en mi vida, y he visto a mis amigos a veces tener dificultades para controlarlo. Es por eso que siempre animo a los empáticos a que dejen de ser tan duros con ellos mismos cuando se quedan atrapados en un mecanismo de acoplamiento que en realidad no es útil.

Desafortunadamente, la mayoría de los hábitos que tendemos a formar solo empeoran las cosas a largo plazo y, como resultado, terminamos intensificando el ya desafiante viaje de ser empáticos en este mundo. Creo que nadie merece pasar por la vida diaria sintiéndose ansioso, derrotado y a merced de los mecanismos de acoplamiento. Así que permíteme arrojar algo de luz sobre algunas cosas poco saludables con las que he visto luchar a otros empáticos con la esperanza de que evites estos hábitos o los elimines tan pronto como los detectes.

El objetivo aquí es convertirte en un poderoso miembro empático y valioso en tu comunidad, no en un "adicto a la superación" que se aborrece a sí mismo.

Marihuana y empáticos

Sé que es una práctica común. Fumar marihuana ayuda a adormecer y atenuar todo el ruido que constantemente captamos. Muchos empáticos se sienten mucho mejor con una dosis diaria, sin importar cuán pequeña sea. Pero aquí va el problema. Si fumas como medio de escape, las consecuencias de esa decisión nunca pueden ser buenas.

Es un gran alivio temporal, pero ¿sabes qué? También lo es navegar en tu Facebook durante toda una tarde o ver Netflix de manera interminable. No significa que debas hacerlo. Tan pronto como vuelvas a la realidad, el mismo dolor, angustia y frustración seguirá ahí. Esa solución temporal no resuelve nada. Al final del día, quieres tener soluciones reales que cambien las cosas para bien.

A principios de este mes, uno de mis amigos vino a mí con una confesión muy sincera. Ha estado tratando de dejar la hierba desde que comenzó el año. Esa fue su resolución de Año Nuevo porque había llegado a un punto en el que era un gran generador de estrés para él, ya que se le estaba yendo de las manos. Era bastante adicto a tal grado de fumar cuatro veces al día como mínimo. Su primera estrategia fue disminuir la dosis y parecía funcionar, pero seis meses después, estaba sentado en mi sofá sintiéndose impotente y totalmente asustado.

"Digo, puedo lograr hacerlo con menos frecuencia. Lo reduje a hacerlo una o dos veces al día, pero siento que

cuanto más le pongo énfasis, más me causa estrés, lo que no me hace sentir nada". mejor. Quiero abrazar mis habilidades empáticas y aprender a controlar y dominar mi energía, y sí, fumar marihuana obstaculiza mi progreso intuitivo, por eso estoy tan ansioso por dejarla por completo, pero luego todo me abruma y termino aferrándome a esa dosis diaria. ¿Acaso no tengo esperanza? "

Si has experimentado algo similar con la marihuana o una droga adictiva de cualquier tipo, mi corazón se derrama hacia ti. Confía en que si sientes que es hora de comenzar un nuevo capítulo en tu vida, tendrás la fuerza y el valor para finalmente liberarte de esa adicción.

Y tal vez para ti, no será una batalla tan grande como lo es para mi amigo. Quizás, naturalmente, se eliminará por sí solo. Sin embargo, si al igual que el te das cuenta de que es más difícil de lo que esperabas, no te sientes y sufras solo. Obtén ayuda profesional, únete a una comunidad que pueda apoyarte y pide a aquellos en quienes confías que te ayuden a construir nuevos rituales y catalizadores para que puedas deshacerte poco a poco de ese viejo hábito. No debes avergonzarte, forzarte o castigarte a ti mismo hacia un nuevo comportamiento, debes amarte a ti mismo. No te olvides de eso.

Empáticos y el diálogo interno negativo

Cada vez que sucede algo malo o te involucras en una pelea (sí, sé cuánto odiamos la confrontación), ¿cuál es tu impulso natural? ¿Te agachas, sientes una pesada carga y literalmente deseas poder acurrucarte en una pequeña bola y desaparecer? ¿Y qué tal cuando alguien de repente te da un gran cumplido? ¿Lo recibes o te sientes incómodo e indigno de elogio?

Para la mayoría de los empáticos, los argumentos fuertes, las situaciones negativas y los entornos desagradables realmente crean un espiral descendente que los arroja directamente al territorio del odio a sí mismos y el juicio propio. Siempre es difícil para nosotros renunciar o condenar a otras personas, sin embargo, lo hacemos todo el tiempo para nosotros mismos.

¿Alguna vez te has preguntado por qué?

El diálogo interno negativo es común en nuestra población y todos parecen disfrutarlo más de lo que nos gustaría admitir. Los investigadores estiman que pensamos en promedio entre 50,000 y 70,000 pensamientos por día y que alrededor del 80% son pensamientos negativos. Eso es mucha negatividad.

Para nosotros como empáticos, esto crea un problema grave. Tenemos que ser cautelosos con nuestras propias tendencias de pensamiento negativo, así como evitar absorber las de los demás. Ahí es donde radica el peligro para nosotros, porque si no tenemos cuidado, podemos ser afectados de maneras muy poderosas por este hábito dominante.

Culparnos de cosas que no podemos controlar y humillarnos tiene que parar. Eso no quiere decir que solo necesites cambiar y convertirte en una Pollyanna. Obligarte a decir afirmaciones positivas y a pensar positivamente como las masas fomentan en el internet muy apenas funcionaría para alguien tan sensible como tu.

Solo quiero que te vuelvas más consciente de ti mismo. Practica ser consciente de la temperatura mental y el tono general de tu diálogo interno. Ser más consciente te servirá mejor que forzarte a ser siempre un pensador positivo. Date cuenta de independientemente de cómo suene tu diálogo interno, éste se convertirá en la energía o aura más dominante a tu alrededor. Si notas que es principalmente aburrido y negativo, no te estreses, pues no estás atascado. Tienes el poder de pensar un nuevo pensamiento y, a medida que piensas de manera diferente y cambias la forma en que te manejas, la vida te reflejará el mismo cambio positivo.

Simplemente comienza hoy a crear nuevos hábitos y conversaciones internas que estén más alineadas con el aura por la que deseas caminar. Como un ser altamente sensible, lo último que quieres es usar esos poderes para derribar o envenenarte a tí mismo con una negatividad fabricada

Alimentación emocional:

Sí, esto también es un hábito. Por mucho que parezca estar fuera de tu control, tienes el poder de determinar tu relación con la comida. Comerte unos macarrones con queso o un helado de chocolate puede hacer que todo parezca un poco mejor ... por un tiempo. Comer en exceso tiene este efecto adormecedor que puede ayudarnos a suavizar el golpe de las energías no deseadas, ¿te has dado cuenta?

Pero esto puede convertirse rápidamente en una adicción alimentaria incontrolable en la que se sabe que muchos empáticos caen. Claro que puede ayudar a calmarte y brindarte esa distracción instantánea, una sensación de seguridad, y de serenidad que a menudo es difícil de alcanzar. Un día realmente duro e insoportable puede calmarte con un poco de Netflix y relajarte con una gran bola de helado o una docena de pastelitos de chocolate para ayudarte a dejar de sentir lo que no quieres sentir, pero quiero alentarte a que abandones este mecanismo de acoplamiento porque, ya sea que te des cuenta o no, esta es una señal de que necesitas sanar tu relación con la comida.

Los patrones emocionales de alimentación están muy ligados a las luchas mentales, emocionales, físicas e incluso espirituales con las que estamos lidiando. Además, puedes recordar lo enfermo que te sientes después, ¿cierto?

Es por eso que es tan importante conocer tus detonantes y crear una estrategia que te ayude a manejar mejor las situaciones que causen que comas en exceso. En un artículo publicado el 15 de agosto de 2017 por de *Harvard Health*, confirman que hay partes del cerebro que son recompensados por comer alimentos altos en grasa o azúcar. Y por supuesto, sabemos que cualquier comportamiento que sea recompensado probablemente se repetirá. Es por eso que los investigadores y expertos en este tema sugieren que te distraigas, incluso si es solo por cinco minutos. Debes encontrar formas creativas que te interesen para ayudar a cambiar de marcha y poner tu atención en algo completamente diferente antes de que ese impulso automático entre en acción. Podría ser salir a caminar cinco minutos, escuchar tu canción favorita y bailar como tanto como puedas durante esos tres minutos o lo que sea que te resuene.

Como alguien que entiende lo difícil que puede ser cambiar un viejo hábito, el mío es principalmente un constante diálogo interno negativo, quiero asegurarme de que obtengas algo más que simples sugerencias de cómo regularte la próxima vez que se presente un detonante que sabes que te llevará a un viejo hábito. El último capítulo de este libro está reservado puramente como un recurso lleno de consejos prácticos para ayudarte a prosperar, y hay una subsección con formas simples y saludables para entrar a un estado de relajación cuando surjan situaciones y sensaciones estresantes. Así que asegúrate de leer hasta el final.

Alcohol y empáticos:

¿Sabías que muchos empáticos recurren al alcohol para "relajarse" y tomar ventaja como una forma de automedicación?

Es común que los empáticos que quieran adormecer

sensaciones abrumantes y no deseadas que estén experimentando recurran al consumo de alcohol. Y el efecto inmediato es bastante bueno porque uno se siente algo relajado. El único problema es que el alcohol es altamente adictivo. Según el *Centro Americano de Adicciones* (American Addiction Center), debido a que el alcohol es un depresivo y tiene un efecto sedante, las personas a menudo usan la sustancia para relajarse. A medida que aumenta el CAS (concentración de alcohol en la sangre) de una persona, a menudo experimentan mayores niveles de relajación. (La correlación entre la Ansiedad y el Alcohol Noviembre de 2018)

La mayoría de las veces se siente increíble al enmascarar los problemas subyacentes a los que nos enfrentamos y aliviarnos temporalmente de los efectos sofocantes que a menudo se asocian con ser empático, pero cuando esto comienza a ser contraproducente (y confía en mí) las consecuencias pueden ser devastadoras

Recientemente me encontré con un bloguero que comparte cómo ha estado bebiendo desde los seis años para ayudar a deshacerse de la angustia y la incomodidad que lo acompañaban cada vez que sus padres lo arrastraban a una de las muchas reuniones sociales. Son totalmente extrovertidos y siempre parecían disfrutar de estar en grandes multitudes. Fue una pesadilla para él; simplemente pensaron que estaba siendo "demasiado emocional" y al final, ya que no podía salir de eso, su forma de afrontarlo fue tomándose una copa o dos a escondidas. Lo llamó "su droga milagrosa" porque con solo unos pocos tragos podía alejar rápidamente la depresión, la ansiedad, la paranoia y la abruma que estaba sintiendo. Era su boleto a la libertad.

Pero tú y yo sabemos que este tipo de libertad siempre es temporal. Le tomó 20 años de frecuente consumo de alcohol (que finalmente se convirtió en una rutina diaria) para tocar fondo y darse cuenta de que se había convertido en su peor pesadilla. El alcohol funcionó hasta que le dejó de funcionar. Y a los 26 años, su cuerpo y su mente se negaban a cooperar por más tiempo. Era hora de hacer un cambio y salvar su vida antes de que fuera demasiado tarde o simplemente dejarlo. No sé cómo esté progresando en su trayecto, pero con el apoyo de los lectores en línea que probablemente estén pasando por el mismo camino, estoy seguro de que encontrará la manera de superar la adicción.

Lo importante para nosotros es entender que el

alcoholismo nunca termina bien. Claro que da esa falsa sensación de libertad y control, pero ¿qué sucede conforme seguimos así?

Sé que se ha convertido en una herramienta de supervivencia para muchos empáticos y claro, beber es una forma de mejorar tu estado de ánimo y escapar de la ansiedad por un tiempo, pero también es la forma más rápida de encarcelarte, paralizar tu futuro y provocar mucho dolor. y pena a los más cercanos a ti.

Ahora sé lo que podrías estar pensando ...

¿Un poco de alcohol sería problema?

Seguramente uno o dos vasos al día no son tan malos. Bueno, aun eso es debatible. Un nuevo estudio científico concluye que no hay un nivel seguro de consumo de alcohol. El *International Medical Journal* (Diario Internacional de Medicina), El *Lancet*, apareció en los titulares cuando mostró que, en 2016, casi 3 millones de muertes en todo el mundo se atribuyeron al consumo de alcohol, incluido el 12% de las muertes en hombres entre 14 y 49 años. (Nuevo estudio científico: no hay un nivel seguro de alcohol agosto 2018). Ya sea que elijas o no hacer del alcohol tu "medicina milagrosa" es una elección que solo tú puedes hacer. Nadie puede decirte si puedes o no regular con seguridad cualquier cantidad de alcohol, porque solo tú sabes cómo te sientes una vez que ingieres ese primer vaso de vino o cerveza. Se consciente de tu elección de ingerir alcohol, y que esa decisión esté basada en cómo quieres aparecer en el mundo.

Dilación:

A veces se hace difícil hacer frente a las tareas cotidianas como empático, especialmente cuando no hemos sido dueños de nuestras habilidades empáticas. Para los demás, puedes parecer una persona perezosa, pasiva y espaciada, y creo que esa es una de las razones por las que los empáticos luchan por transformar este hábito poco saludable. A menudo se sienten solos, incomprendidos y atrapados sin que nadie los ayude.

La dilación no solo afecta a los empáticos. De hecho, es un hábito tan común que incluso Ellen DeGeneres habló de ello en su programa de comedia. La dilación es cuando posponemos tomar una decisión o evitamos tomar alguna forma de acción y, por lo general, para empáticos, es un mecanismo de acoplamiento.

Lynda Williams nos comparte cómo la dilación ha sido un monstruo en su vida, especialmente cuando se trata de la depresión. *"Es fácil suponer que las personas como yo que postergan la vida son flojas; la verdad es que, si pudiera hacerlo ahora, lo haría",* dice con *lágrimas rodando por sus mejillas.*

Creo que esto es algo con lo que todos podemos relacionarnos en algún nivel. Y yo he estado atrapado en ese horrible ciclo en el que me avergüenzo y me siento culpable, lo que solo me hace sentir peor y todavía no hago lo que sé qué debo hacer. Quiero decir, incluso hoy, con todo el conocimiento, las herramientas y las estrategias de vida que uso para fortalecerme, todavía tengo que lidiar con la dilación de vez en cuando.

La dilación alcanza su punto máximo para los empáticos cuando específicamente estamos pasando por un mal momento. Si hay demasiada abruma, ansiedad o depresión, es mucho más fácil posponer las cosas. Creo que es porque cuando nuestra energía esta baja, simplemente no es posible venderse a uno mismo para ser productivo y hacer incluso algo tan sencillo como lavar los platos. Así que simplemente dejas que se queden allí y se acumulen. Y cuanto más se acumulan peor nos sentimos, lo que por supuesto, crea este ciclo de auto condenación y odio a uno mismo.

Ahora, antes de acabar con este hábito poco saludable que está fuera de nuestro control (especialmente cuando estamos pasando por tiempos difíciles), es importante recordar que la dilación está enraizada con el miedo.

Cuando la energía del miedo se sintoniza dentro de ti, ya sea que se haya originado en ti o en otra persona, tu tendencia a posponer las cosas se activa, y poco después se produce un sentimiento de culpa, vergüenza y remordimiento que luego genera este nuevo impulso. Después de un tiempo, ni siquiera recordarás de dónde surgió esto y tratar de forzarte a salir de ese ciclo puede no funcionar. Entonces, en lugar de torturarte o forzarte a hacer algo cuando claramente no estás a la altura, aléjate de la situación y date un tiempo.

Tómate una siesta si es necesario y rompe ese impulso primero. Luego recuerda que el miedo suele ser el culpable de la energía que alimenta este hábito. Así que trabaja primero en la limpieza de tu energía antes de regresar a las tareas u objetivos que desees lograr.

ABARCANDO LA EXPERIENCIA EMPÁTICA

"Antes de sanar a otros, sánate a ti mismo".

-Dicho gambiano

Esto se siente como un momento oportuno para profundizar un poco más en la experiencia empática y a lo que se siente al pasar por la vida sintiendo todo.

Creo que es importante siempre recordar que cada ser humano experimenta diversos grados de empatía a menos que haya una discordia particular dentro de ellos que cree un bloqueo.

Y la vida es dura para mucha gente. Encontrar la paz y la felicidad no es fácil en nuestro mundo moderno, incluso para aquellos que no se consideran empáticos. Las redes sociales y las noticias son excelentes para amplificar el lado negativo de la humanidad, lo que solo hace que nuestras interacciones con los demás sean aún más desafiantes. Lo que debemos hacer es descubrir los aspectos sobre los que sí tenemos control a medida que pasamos por interacciones diarias y trabajar para mejorarlos.

Por lo tanto, la experiencia empática no se trata de hacerte sentir como un extraterrestre de otro planeta. No hay nada de malo en cómo experimentas esta travesía humana. Solo porque las personas a tu alrededor interactúan con la vida e interpretan las cosas a un nivel diferente al tuyo no significa que tus altas sensibilidades sean buenas o malas. Simplemente significa que tus sentidos son refinados. Estás en sintonía con el baile de la vida a un nivel inusual y la mejor manera de disfrutar este baile es descubrir la mejor manera de aprovecharlo al máximo.

Vivir en un planeta con ocho mil millones de seres humanos sea un poco atestado para alguien empático, pero estamos aquí por una razón. No es un accidente que se te haya dado este regalo y el mejor uso sería para ti y los demás.

Si bien sé cuán difíciles pueden ser los lugares públicos, los centros comerciales llenos de gente y las grandes reuniones, sigo creyendo que es posible encontrar el equilibrio que te permita interactuar con el mundo de una manera cómoda y tranquilizadora para ti.

Sabemos que como empáticos, al entran a una habitación, una tienda de comestibles, una reunión de la empresa, un restaurante e incluso volar con otras personas pueden ser una experiencia muy abrumadora. De hecho, recientemente estuve en un vuelo corto de dos horas y debido a que no había dormido mis ocho horas óptimas de sueño durante toda la semana, mi mente estaba un poco turbia y me costaba controlar mis energías. Me senté, me abroché el cinturón y, en lugar de ponerme a leer un libro, decidí simplemente observar lo que otros a mi alrededor estaban haciendo. Era un vuelo matutino, mis ojos realmente sentían la angustia de dormir tan poco y no tenía ganas de escuchar música. Así que mi atención se enfocó en un grupo de jóvenes alborotados probablemente de Rusia que obviamente estaban entusiasmados por estar en un avión. Los cuatro causaron bastante alboroto y uno de ellos tuvo dificultades para prestar atención incluso a las instrucciones de la azafata. No estaba seguro si solo estaba siendo terco o si estaba tratando de coquetear con ella.

De cualquier manera, él la estaba poniendo nerviosa y lentamente comencé a experimentar la misma angustia e irritación que ella sentía. Ella también parecía estar luchando con dolor de garganta y cuanto más le prestaba atención a esta situación, más comenzaba a sentir un hormigueo en la garganta. Rápidamente noté que absorbía la energía de la azafata y tomé las precauciones necesarias para filtrarlo. Habiendo aprendido de experiencias pasadas en donde percibía la irá, dolor de cabeza u otro síntoma del alguien mas, nunca me permito dejarme llevar por ellas, aún en mis "días nublados". El punto que estoy tratando de hacer es que podemos ser abrumados y absorbidos por otras energías realmente rápido.

Las vibras y sensaciones emocionales que son transmitidas desde nuestro entorno siempre son reales y vívidas para nosotros. No es de extrañar que tratemos de escapar de ellas por cualquier medio necesario. La mayoría de las veces, las rutas de escape que elegimos terminan lastimándonos mucho más, ya sea comer en exceso, fumar, ingerir alcohol o alguna otra adicción.

No estoy aquí para aclarar la lucha diaria que enfrentas al tratar de encajar en una sociedad que no es muy acogedora con gente como nosotros. De hecho, no quiero que encajes en el estatus quo en absoluto. Eso te destruiría.

Lo que sí quiero es que seas proactivo con el estilo de vida que elijes y el marco de vida que establezcas.

Si, por ejemplo, como mi amigo, terminaste abandonando un carrito de compras en un supermercado debido a lo agobiantes que se volvieron las cosas durante tus compras navideñas, en lugar de eliminar por completo las compras de tu vida, sé más estratégico en los horarios cuando eliges ir de compras. Encuentra esos momentos en que las multitudes de personas no están asaltando y disfruta haciendo tus compras. Aún estarás expuesto a las diferentes energías del personal, los pocos clientes que al igual que tú, preferirían comprar en paz y tranquilidad, y tendrás más "espacio para respirar" para interactuar con la energía de los alimentos que compras.

Los lugares públicos no deben ser tortuosos si creas un marco sólido para vivir y algunas tácticas para participar públicamente en el momento elegido por ti.

A algunos empáticos les resulta insoportable experimentar la vida humana diaria en condiciones sociales normales, por lo que se encierran en algún lugar. O se mudan de las grandes ciudades a ranchos aislados, o casi nunca salen de su departamento a menos que sea absolutamente necesario.

Solo puedo hablar por experiencia propia cuando digo esto. Mi convicción es que el aislamiento total no es la respuesta a la felicidad, la tranquilidad y la libertad de un empático. Es cierto que necesitamos soledad y tiempo a solas, pero aislarnos totalmente como resultado del miedo o del agobio significa que nos conformamos a un estilo de vida muy limitado. Es imposible prosperar cuando uno se mantiene cautivo ante tales creencias y emociones limitadas.

A medida que interactuamos y respondemos al mundo plenamente en nuestro poder, creo que se vuelve esencial dominar el arte de simplemente tomar conciencia de las energías de otras personas y aceptarlas tal como son. En otras palabras, quiero que te entrenes para salir al mundo, asentado en tu propio poder, abierto a sentir las emociones y las vibras de los demás y en lugar de tratar de luchar contra ellos o arreglarlos, solo observa y filtra. Aquellos que desees absorber permanecen contigo y aquellos que no encajas con ellos, simplemente regresan a su fuente.

Creo que tienes que hacer una elección a medida que continúas leyendo este libro. Puedes continuar aceptando una vida donde eres la víctima. Donde incluso tu propia vida no parece ser realmente tuya y cualquier interacción se siente estresante porque siempre estás ansioso por asimilar más de lo que es bueno para ti.

O ... Puedes elegir liberarte a ti mismo y tus habilidades.

Hay muchas cosas prácticas que puedes hacer de inmediato, y comparto algunos de estos consejos prácticos en el último capítulo. También compartiré contigo algunos de los beneficios de abrazar las experiencias empáticas en un próximo capítulo, porque quiero que veas todo lo bueno que puedes hacer una vez que poseas y domines tus poderes por completo. Al hacerlo, te conviertes en una empático fortalecido que no solo prospera, sino que también sana al mundo durante el trayecto.

EMPATÍAS Y RELACIONES

"La empatía es la cualidad humana más preciosa"

- *Dalai Lama*

Tratar las relaciones como empático es un gran desafío. Estoy seguro de que sabes a qué me refiero. Se trate ya sea de relaciones profesionales, íntimas o familiares. Nos encanta estar profundamente conectados con los demás y compartir experiencias significativas, pero crear tales relaciones en nuestro mundo moderno es más fácil decirlo que hacerlo.

Somos personas muy creativas, reflexivas, intuitivas, súper apasionadas y la emoción que brindamos a cualquier relación cuando se entiende adecuadamente es algo para saborearse. Sin embargo, es verdad que hay muchos desafíos a enfrentar mientras intentamos crear relaciones que nos sustentan y nos fortalecen. La mayoría de las personas que nos rodean no "sienten" o procesan las cosas tan profundamente como nosotros y eso puede ser muy difícil de manejar.

Entonces, a pesar del hecho de que nosotros también deseamos esa oportunidad de experimentar el amor verdadero con un alma gemela o cultivar relaciones enriquecedoras con las personas que nos importan, nuestro enfoque hacia el amor y todo tipo de relaciones debe ser algo único dada nuestra naturaleza altamente sensible. La lucha es real y hemos tenido que soportarla durante mucho tiempo. Es hora de darle vuelta a la hoja.

¿Por qué has estado luchando con el romance?

Debido a que sentimos todo tan intensamente, estar enamorado como empático está fuera de este mundo. Y quiero decir esto en el sentido positivo y negativo. Cuando encuentras esa pareja correcta, estar locamente enamorado e intensamente apasionado es una norma. El intercambio de energía es increíble y tiendes a ser muy adictivo para tu pareja.

Esta puede ser una experiencia increíble para los dos.

Sin embargo, si terminas con una pareja que no es adecuada para ti, ese mismo intercambio energético tendrá un gran impacto negativo. Esta es probablemente la razón por la cual la mayoría de los empáticos evitan la intimidad. Una vez que te has quemado varias veces por elegir mal, todo tu ser se niega a seguir ese camino oscuro nuevamente.

El otro problema es el hecho de que estar de mal humor a menudo ocurre cuando nos involucramos románticamente. Puesto a que todas nuestras emociones, ya sean alegría, enojo, tristeza o felicidad, son tan intensas, a veces se salen de control. Lo peor es cuando absorbes los sentimientos de otra persona mientras estás fuera de casa con tu pareja, lo que crea un resultado completamente diferente para los dos.

¿Te sientes totalmente emocionado por comenzar una relación solo para sentirte abrumado y asustado unos meses después?

Esto se debe principalmente al hecho de que, como empáticos, no nos tomamos el tiempo para establecer límites saludables y expresar plenamente nuestras sensibilidades y disgustos a nuestro nuevo compañero. Si la persona con la que tienes una relación es adecuada para ti, ésta comprenderá y apreciará el hecho de que regularmente necesitarás espacio y tiempo a solas.

No te impondrán sus creencias ni compararán tu relación con otras personas. El problema nunca ha sido tu incapacidad para ser un buen compañero; se trata de involucrarte románticamente con alguien que te ayuda a emerger como la mejor versión de ti mismo.

Es casi imposible para nosotros ocultar nuestros sentimientos, y ser tan vulnerables generalmente complica las cosas a menos que tengas a alguien como tú, o que al menos comprenda tu naturaleza. En nuestra sociedad moderna donde la autenticidad y la compasión, el afecto y la atención genuina es algo raro, el romance es difícil para nosotros. Las citas superficiales son la tendencia. No podemos soportar nada que no sea auténtico.

Presumir, tratar de atraer la mayor atención posible, especialmente en las redes sociales, es lo que hacen las parejas "geniales". Eso nos apaga totalmente.

Cómo manejar las relaciones íntimas siendo empático

Todos queremos tener relaciones significativas, ya sea con un amigo, un miembro de la familia, un compañero de trabajo y especialmente con aquellos de quienes nos enamoramos locamente. Sin embargo, encontrar a alguien especial que sea tu alma gemela y tu mejor amigo no es tarea fácil para los empáticos. La mejor manera de cultivar y fomentar una relación íntima cuando sientes que has encontrado a la persona adecuada es usando tus habilidades especiales para formar un vínculo saludable.

Ten en cuenta que digo un vínculo saludable.

No cualquier vínculo. Tu conexión necesita ser profunda. Mucho más profundo que el nivel superficial en el que la mayoría de las personas manejan sus relaciones. Debido a que, por defecto, estás sintonizado con percepciones más altas, debes estar con alguien que también pueda conectarse contigo a ese nivel.

Aquí es donde la ciencia y la espiritualidad se cruzan entre sí.

Una relación íntima que no los conecte físicamente,

mentalmente, emocionalmente y espiritualmente tendrá dificultades para durar o satisfacerlos.

Cuando digo conexión espiritual, no estoy hablando de algo religioso a menos que sea tu preferencia. Simplemente quiero decir que necesitas crear un vínculo basado en algo más profundo; no necesita ser religioso o incluso espiritual (como lo definen las normas sociales). Dependiendo de las creencias de ambos, puede ser lo que sea que los asiente y los fortalezca.

En esencia, lo que quieres hacer es crear un contenedor para estar holísticamente conectados y vulnerables entre sí. Donde ambos viertan las mejores versiones de ustedes mismos hasta que desarrollen este conocimiento interno de que no importa lo que pase, tu pareja será esa fuerza de poder para el bien en tu vida y viceversa.

Las parejas con intereses y puntos de vista similares pueden formar mejor este tipo de vínculo. Les ayuda a desarrollar hábitos y rituales que fortalecen su vínculo y se convierte en un cimiento para su relación que puede resistir cualquier tormenta.

Como empático, sabes que expresar tus emociones es algo natural y cuando estás enamorado es casi mágico. La mejor manera de garantizar que estas experiencias se conviertan en una vida de alegría y experiencias significativas para ti es trabajando contigo mismo para que puedas emparejarte fácilmente con alguien digno de disfrutar este apasionado viaje de intimidad.

Conformarte con algo menos que esa persona especial que te ilumina es un gran error. Para ayudarte con eso, aquí hay cuatro consejos para construir una relación íntima saludable y una fuerte conexión con tu pareja elegida.

1. Identifique la intención principal de por qué quiere estar en esta relación.

Cuando entres en una relación con alguien, no lo hagas a ciegas. Porque en el momento en que comienzas, es como si la relación se convirtiera en una tercera entidad con su propia frecuencia. ¿Lo has notado?

La mayoría de las personas ni siquiera lo notan. Pero siendo la persona altamente sensible que eres, probablemente hayas tenido momentos en los que definitivamente hayas notado que había una tercera energía en la habitación.

Por lo general, después de unos meses de estar

juntos, se vuelve más palpable ya que, en muchos casos, la rutina comienza y el impulso se desacelera. Entonces, incluso podrías empezar a sentir una energía pesada o suave que no es tuya ni de tu amada. Esto se debe a que la energía fluye donde va la atención. Si uno o ambos dejan de prestar atención al desarrollo de su relación y, en cambio, las obligaciones de la vida los distraen, la energía de las relaciones se estanca.

Para un empático, esto se convierte en un problema importante. Nuestras contrapartes menos empáticas apenas se darían cuenta de esto hasta que las cosas estén físicamente fuera de control, pero para nosotros, lo sentimos de inmediato.

Por eso es tan importante aclarar por qué estás en la relación en primer lugar. Entra en ello con claridad e intenciones poderosas. Discute tus intenciones con tu pareja y asegúrate de que ambos estén en el mismo canal.

2. Auto-reflexionar con la mayor frecuencia posible.

Ya sea que estés buscando atraer a tu vida a alguien especial o que ya hayas entablado una relación, nada es más importante que tomarse el tiempo para descubrir quién eres realmente. Cuanto más puedas estar continuamente en tu cuerpo, presente, plenamente consciente y basado en tu propio poder, más agradable será tu relación íntima. Ese fuerte vínculo con otro solo puede tener lugar cuando sabes quién eres y qué deseas.

Tome un diario privado y escribe algunas ideas para las siguientes preguntas:

- ¿Cuáles son tus puntos de vista sobre religión y espiritualidad?
- ¿Qué significa la intimidad para ti?
- ¿Cómo te gusta más expresar tu amor?
- ¿Cómo te gusta recibir amor?
- ¿Cómo defines el romance?
- ¿Cuáles son tus valores fundamentales?
- ¿Cuáles son tus puntos de vista sobre religión y espiritualidad?
- ¿Qué te gustaría experimentar con tu alma gemela?
- ¿Cuáles son algunos de tus principales deseos? ¿Por qué te importan y cómo te mantienes conectado y fiel a ellos?
- ¿Tiene rituales y prácticas diarias que te mantengan conectado a la tierra, como la meditación, la oración, la devoción, etc.?

- ¿Te gusta tener conversaciones de mayor conciencia con alguien con quien tienes una relación? ¿Qué pasa con las exploraciones sexuales?

3. Priorice conversaciones significativas que expresen abiertamente intimidad y afecto.

Ahora que has tenido tiempo para auto reflexionar y contemplar lo que es importante para ti, es momento de incluir al amor de tu vida. Incluso si solo estás saliendo y todavía no es algo serio, mantén abiertamente esta conversación con tu amado.

Comparte con ellos tus puntos de vista y dales la oportunidad de abrirse y compartir su posición. Descubrir lo que es importante para él o ella desde el principio es en realidad una excelente manera de comenzar a construir ese cimiento sólido, así como un vínculo.

También ayuda a darte cuenta más pronto que tarde si ustedes dos están caminando por el mismo sendero o si están dispuestos a caminar juntos por el mismo sendero.

4. Date el espacio y el tiempo de inactividad necesario para administrar tu propia energía.

A medida que establezcas esta comunicación abierta con tu pareja y ellos comprenden en su totalidad cuán especial eres tú, una de las cosas en las que ambos deberán acordar es crear ese tiempo de inactividad y espacio necesario para ayudarte a empezar de nuevo con regularidad.

Además de diseñar pequeñas prácticas que te ayuden a construir un vínculo fuerte y expresar un mayor afecto, dándote esa soledad que cada empático necesita debe ser una prioridad. Si tu pareja también es empática, ellos también se beneficiarán enormemente de este acuerdo, pero incluso si no lo son, creo que cualquiera que realmente te ame lo entenderá y te ayudará a crear un estilo de vida que te ofrezca mayor alegría y libertad.

El amor es la fuerza más poderosa en nuestro universo y sabemos cómo fluirlo apasionadamente mejor que la mayoría. Debemos dejar de tener miedo de ofrecer libremente nuestro amor e intimar con la persona adecuada. Por supuesto, la advertencia es "ofrecérselo a la persona adecuada".

Hasta ahora, he compartido formas para que seas más abierto a la intimidad y cómo mantener una relación saludable con la pareja adecuada. Pero todos sabemos que hay muchas historias feas de empáticos que se encuentran atrapados en relaciones tóxicas que se sienten como el infierno en la tierra. Si has estado en una relación así, sabes lo sofocante que puede ser. Y ciertamente puedes tener consecuencias muy negativas, especialmente en tu salud. Entonces, antes de pasar al siguiente capítulo, donde trabajaremos en ayudarte a prosperar en el trabajo, analicemos las formas en que puedes protegerte o librarte de las relaciones poco saludables.

Protégete de las relaciones tóxicas

Aquí hay algunos tips sencillos para protegerte de las relaciones perjudiciales.

1. Vuelva a evaluar sus principios y valores fundamentales:

La razón número uno para entablar una relación es para hacerte sentir más feliz y sacar lo mejor de ti. Punto. Lo que significa que tus valores principales deben alinearse y activarse dentro de esa relación. Entonces, si por ejemplo, un valor central es la libertad, entrar en una relación con alguien fanático del control no funcionará sin importar cuán enamorado estés.

Es una muy buena idea sentarse y hacer conscientemente una lista de tus valores centrales y los principios por los cuales debes dirigir tu vida. Luego, justo debajo, crea otra lista de lo que yo llamo "disyuntores". Esta es esencialmente una lista de las cualidades que más atesoras en un compañero y sin estas, simplemente no te conformarás.

A menudo, este tipo de cualidades son, por ejemplo, ser amable, de espíritu libre, buen oyente, etc. Sin embargo, asegúrate de que esta lista sea un reflejo de los valores centrales que posees y que tu también estés mostrando las mismas cualidades que buscas en tu pareja. Solo puedes atraer lo que no eres lo que dices que quieres

2. Eleva tus estándares personales:

Debido a que los empáticos son tan atractivos y pueden hacer que cualquiera (incluso los extraños) se abran y compartan sus sentimientos, puede ser difícil saber cuándo desconectar una relación en ciernes.

A menudo es tan fácil entrar en uno que no nos tomamos el tiempo para determinar conscientemente si realmente es bueno para nosotros. Es por eso que elevar tus estándares es tan vital. Tus relaciones íntimas deben cumplir ciertos criterios, que tu determinas. No puede ser el juego de cualquiera.

Eres extremadamente valioso como persona. Eres súper apasionado, talentoso y honesto, uno de los mejores amantes que alguien podría tener, ¿así que por qué dejar que alguien se meta en tu mundo privado? Cuanto más alto sea el nivel cuando se trate de relaciones íntimas y amistades cercanas, más difícil será que alguien a quien consideres inferior a lo que realmente deseas y merezcas se abra paso exitosamente hacia tu mundo.

3. Deja ir el pasado. ¿Sientes que tu pasado se te sigue apareciendo?

Cada vez que sales con alguien, ¿te das cuenta rápidamente de que tienen los mismos rasgos negativos que tenían tus padres? Si es así, entonces tienes lo que Freud llamó compulsión de repetición. Podría ser una condición de la infancia que te haga sentir que mereces esta "mala experiencia" porque así fue como te criaron, así que en tu mente es "normal" que la gente sea condescendiente o te maltrate. Pero eso no es verdad.

Estoy aquí para decirte que es hora de hacer a un lado tu pasado. Tus fracasos pasados o las limitaciones de tus padres no es lo que te define. La forma en que otros te han tratado o reaccionado ante ti en el pasado no tiene nada que ver con quién eres y es hora de liberar lo viejo y abrazar a un nuevo tú.

4. Trabaja en tu sentido de merecimiento.

¿Has pasado toda tu vida luchando con sentimientos de indignidad? ¿Hay a menudo voces en tu cabeza que te preguntan: "¿Quién eres tú para ser amado profundamente?"

Es muy difícil vivir una vida plena y encontrar a alguien que te quiera por todo lo que eres cuando en secreto dudas de cuánto lo mereces. Sé que tus antecedentes, la sociedad y la experiencia pasada pudieron haber creado mucha tensión en tu mente sobre lo que mereces experimentar en esta vida, pero le te recomiendo fuertemente que cuestiones esas creencias. Necesitas saber y creer que mereces una buena vida, un espacio seguro para vivir y trabajar. Y debes creer que mereces ser amado porque eres un ser amable.

Cuanto más confiado y digno te sientas de ser amado por alguien maravilloso, más fácil te será encontrar una pareja que enriquecerá tu vida. Es realmente muy sencillo, lo que crees que mereces es lo que atraerás de los demás, así que trabaja en esto tanto como sea posible.

6. Practica el amor propio.

Seguro que has visto y escuchado este concepto en todas partes en el internet. Pero, ¿realmente lo practicas? Si siempre eres muy consciente de lo horrible que es tu cuerpo, tu carrera o tu sensibilidad, es muy poco probable que encuentres a alguien que realmente pueda amarte.

La mayoría de nosotros somos tan generosos y amorosos con los demás, pero apenas podemos mirarnos directamente al espejo después de una ducha sin sentir vergüenza, asco o auto desprecio.

Para ser amable (merecedor de amor), primero debes amarte a ti mismo. El amor está a tu alrededor, pero para que puedas experimentarlo más, debes estar en un lugar íntegro y tener auto aceptación.

7. Establece intenciones claras y un escudo energético positivo a tu alrededor.

No estoy del todo convencido de que construyendo escudos protectores en realidad conduzca a una vida más feliz y próspera para los empáticos. Pero lo que sí sé es que trabajamos con energía. Como tal, podemos ser más intencionales hacia la energía dominante que emanamos en cualquier momento dado. Si te entrenas para ser expansivo y te concentras fuertemente en una energía apasionada, poderosa y altamente positiva, por la ley universal de causa y efecto, solo puedes producir efectos que correspondan a esa causa.

Entonces, en lugar de preocuparte demasiado por construir escudos protectores que mantengan alejadas a las personas tóxicas, concéntrate en convertirte en una fuente de energía positiva poderosa que encapsule todo tu ser a medida que avanzas en las interacciones humanas diarias, y observa cómo las cosas se vuelven diferentes para ti.

Como empático, tienes necesidades especiales y es importante que las honres y las comuniques a las personas con quienes tienes una relación. Hay muchas estrategias geniales y consejos prácticos que obtendrás al final del libro para equiparte con las soluciones que te llevarán a un estilo de vida holístico y próspero. Ahora te sientes un poco más equipado para lidiar con todo tipo de relaciones, ¿no? Avancemos.

EMPÁTICOS Y TRABAJO

"Mi sensación es que necesitamos más compasión, necesitamos más empatía y necesitamos más unión, en términos de trabajar juntos".

- **Cindy McCain**

Según la revista *Harvard Health Publishing*, hay un problema que se pasa por alto en el lugar de trabajo en el que los empleados luchan a escondidas con algún tipo de enfermedad mental, pero nadie quiere abordarlo.

"Los investigadores que analizaron los resultados de la Encuesta Nacional de Comorbilidad de EE. UU, un estudio representativo a nivel nacional de estadounidenses de 15 a 54 años reportó que el 18% de los empleados dijeron que experimentaron síntomas de un trastorno mental en el mes anterior". (Problemas mentales en el lugar de trabajo, Febrero de 2010 ")

Una encuesta similar fue hecha por una organización de salud mental caritativa, *Mind in the U.K (La mente en el Reino Unido)*, donde encuestaron a más de 44,000 empleados, y el 48% de todas las personas que participaron dijeron que experimentaron un problema de salud mental en su trabajo actual. Y de ese 48%, solo la mitad de las personas que luchan con esta experiencia alguna vez hablaron con su patrón al respecto. Básicamente, estamos viendo a uno de cada cuatro trabajadores del Reino Unido que luchan en silencio en el lugar de trabajo. Apuesto que si revisamos también en otros países, encontraríamos a muchas personas que van a trabajar todas las mañanas y odian cada minuto.

¿Actualmente tienes un problema similar? ¿Te sientes tan agobiado, agotado e incomprendido en el lugar de trabajo que renunciar pareciera ser la única opción? O tal vez hayas renunciado anteriormente por frustración solo para conseguir otro trabajo o comenzar un nuevo negocio que más tarde se convirtió en una carga. Debido a que eres empático, la experiencia laboral definitivamente requerirá que abordes las cosas de manera diferente si quieres prosperar y vivir bien.

Sé que a muchos empáticos se les dice que necesitan realizar trabajos que sean más intuitivos, espirituales y de naturaleza curativa, como la terapia u otras profesiones de "ayuda", pero esta es la cuestión. La razón principal por la que el trabajo se convierte en una lucha y, hasta a veces en una pesadilla, es por las batallas energéticas y los conflictos emocionales que sigues enfrentando.

Es decir, todo se trata de tu energía y de cómo la estás protegiendo. Si estás absorbiendo tanta energía negativa en de tu entorno y estás sucumbiendo a sus efectos nocivos, cambiar de trabajo, carrera o negocio puede no ser la mejor respuesta. Entonces, antes de perder la esperanza sobre tu situación laboral actual y sentirte perdido, repasemos algunas ideas clave que creo que ayudarán a proteger y nutrir tus habilidades empáticas en el lugar de trabajo.

Cómo abordar tu trabajo y carrera profesional

Es muy simple en realidad. Tu corazón debe estar en línea con el trabajo que haces para prosperar como empático. Olvídate de lo que dicen los motivadores, vendedores y cínicos de este mundo que hablan a todo volumen; éste es el mejor momento en la historia de la humanidad para estar vivo. ¿Sabes por qué?

Puedes controlar tu propio destino.

Nunca ha sido más factible y fácil para nadie, en cualquier lugar, crear la calidad de vida que desean. Realmente no importa cuál sea tu vocación, siempre y cuando construyas una base sólida alrededor de ella, tendrás éxito.

La forma en que abordas tu labor, como empático, debe ser de la misma forma en que abordas todo lo demás en la vida. Tú y yo sabemos que la compartimentación no funciona para los empáticos. ¿Por qué pasar por el trauma que viene de tratar de conformarse con un trabajo que no se alinea con tus valores y sensibilidades centrales?

¿Recuerdas el ejercicio que hicimos para atraer mejores relaciones? Te animo a que hagas lo mismo por tu trabajo. Procede como si te encontraras con tu alma gemela y haz una lista de todas las cualidades, experiencias y criterios que deseas que tu vida laboral tenga. No importa si eres un empresario que atiende a clientes, o un empleado con un jefe, colegas y clientes en que pensar. Es la intención que establezcas y los cimientos que establezcas lo que determinará cuánto puedes disfrutar de tu vida laboral.

En general, los empáticos se sienten atraídos por un trabajo significativo y orientado a un objetivo que haga una diferencia en el mundo. Puesto que sabes que esto es cierto para ti, haz todo lo posible para alinearte con las oportunidades que reflejen esta verdad.

Sin embargo, no caigas en la idea errónea de que significa que debes convertirte en un sanador espiritual, un psíquico, un entrenador o cualquiera de las diversas profesiones asociadas con las habilidades empáticas.

Conozco empáticos que son ingenieros, gerentes, emprendedores, médicos e incluso banqueros de inversión. No hay límite para la contribución que puedes hacer al mundo con tus dones, y nunca debes limitarte a pensar que solo los artistas y los curanderos pueden construir carreras usando sus habilidades empáticas. En todo caso, creo que cuanto más te fortalezcas como empático, más útil serás en áreas como Recursos Humanos, y puestos de alta dirección donde la gente realmente se siente poco apreciada. Pero no puedes ayudar ni dar si todavía estás abrumado, descontrolado e inestable en tu propio poder. Como revela el dicho gambiano, primero debemos curarnos a nosotros mismos antes de extendernos para ayudar a otros.

Debes obtener una comprensión total y un control completo de tus sensibilidades y usarlas de manera positiva y poderosa.

Cuanto más comprenda la energía y la forma en que funciona, más fácil será tomar decisiones inteligentes en tu puesto de trabajo.

Contrariamente a la creencia popular, no tienes que elegir entre ganar dinero y ayudar a las personas. Y ciertamente no tienes que fingir ser alguien que no eres solo para encajar en un entorno de trabajo. Cuando pones en riesgo quién realmente eres, nunca podrás hacer tu mejor labor. Entonces, en lugar de abordar tu trabajo desde el punto de vista de "tratar de encajar", te invito a descubrir cuáles son tus puntos fuertes, la contribución que deseas hacer a nuestra economía global, y los dones y habilidades que deseas desarrollar que se alineen con tus poderes empáticos A partir de ahí, elige la vocación que mejor cumpla todos esos requisitos.

Lynn Taylor, experta nacional en lugares de trabajo y autora de *Tame Your Terrible Office Tyrant; How to Manage Childish Boss Behavior and Thrive in Your Job* (Domestica a tu Terrible Tirano de la Oficina; Cómo Manejar el Comportamiento del Jefe Infantil y Prosperar en tu Trabajo) dice: "la gente quiere conectarse a un nivel humano en la oficina; el remedio es un ambiente estéril con baja productividad. Entonces, cuanto más demuestres estas habilidades, más rápido avanzará tu carrera. Son los 'diplomáticos de oficina' con una fuerte inteligencia emocional los que tienen más probabilidades de ser líderes corporativos fuertes y efectivos. Se dan cuenta de que las relaciones de confianza basadas en la diplomacia y el respeto son la base del éxito individual y la productividad corporativa. Una onza de sensibilidad humana vale una libra de cura cuando se trata de la interacción humana diaria y la mitigación de conflictos. Al desarrollar estas habilidades, reducirás el mal comportamiento en la oficina y tu enfoque positivo será contagioso ".

Una onza de tu sensibilidad equivale a una libra de cura en el mundo de los negocios de hoy.

Esto para mí es el pase gratis que los empáticos han estado esperando. Es la confirmación de que el lugar de trabajo está cambiando de manera importante. El negocio se está renovando. La autenticidad es ahora una de las principales cosas que los clientes buscan. El empoderamiento, la empatía y la conexión genuina es lo que todos los empleados anhelan. Y ahora todos reconocen que los empáticos capacitados son miembros valiosos en el lugar de trabajo. Ha llegado el momento de prosperar como un empático fortalecido, siempre que hagas el trabajo preliminar dentro de ti mismo.

Sentirse seguro y empoderado en el trabajo

Lo más probable es que cuanto más te sientas empoderado, valorado y apreciado por tus habilidades, te sentirás más satisfecho y realizado con tu vocación elegida. Te doy permiso aquí y ahora para que dejes de agotarte y hagas un esfuerzo extenuante para adaptarte a un entorno de trabajo que no te conviene.

A estas alturas ya sabes que cuando ciertas cosas se encuentran en tu entorno de trabajo inmediato, no rindes al máximo. La ansiedad interviene y se adueña rápidamente de los empáticos, por lo que debemos asegurarnos de establecer parámetros que ayuden a reducir o eliminar los detonantes de ansiedad.

<u>Uno</u>: Los sonidos excesivos, las luces o la interacción interpersonal continua de los compañeros de trabajo pueden convertirse en un desagüe para nosotros y hacernos sentir realmente exhaustos.

Consejo útil:

Considera tomar una iniciativa personal para crear un entorno seguro para ti en el lugar de trabajo. Por ejemplo, si tienes que trabajar en un lugar con mucho ruido y no hay una opción posible para trasladarse a un lugar tranquilo, invierte en un auricular que elimine todo el ruido.

¿Cuáles son algunas otras pequeñas cosas creativas que puede hacer para mejorar tu entorno de trabajo inmediato?

<u>Dos</u>: Ordenar tu espacio de trabajo y siempre asegurarte de que esté limpio es realmente muy importante. Y no puedes dejar que la empresa se encargue de ello, ya sea que paguen o no a un excelente equipo de limpieza.

Las decoraciones, el sentido de la facilidad y la organización alrededor de tu escritorio son tu responsabilidad y te afectan porque tu energía está inmersa en ese estado durante varias horas cada día.

Muchos empáticos y personas altamente sensibles dicen sentirse inquietos en entornos desordenados. Simplemente es demasiada información sensorial para procesar.

Consejo útil:

Considera optar por una configuración minimalista en tu entorno de trabajo. Arregla tu oficina o espacio de trabajo con regularidad y crea una sensación de relajación, apertura y tranquilidad tanto como puedas.

Tres: Trabaja para simplificar ese complejo diálogo interno que te hace sentir que no está bien ser sensible y consciente de las emociones de otras personas en el trabajo.

Como has aprendido hasta ahora, no solo es algo hermoso que poseas habilidades empáticas, sino que incluso el lugar de trabajo está empezando a comprender que los líderes con tus cualidades podrían ser la mejor manera de progresar. Esto significa que cuanto más pueda dominar tu diálogo interno salvaje y cambiar tus viejas creencias para percibirte como una fuerza poderosa y valiosa para el bien, más fácil será para otros recibir esa transmisión y reflejarla de regreso a ti.

Consejo útil:

Sin importar en dónde trabajes o viaje en este mundo, un verdadero sentimiento de seguridad, paz y empoderamiento solo puede nacer desde adentro. Nunca habrá alguien del exterior que venga y resuelva tus problemas. Eres el único que puede entrenar tu mente hacia un pensamiento constructivo positivo. Aprende a percibirte a ti mismo como alguien fuerte, poderoso, seguro y protegido.

Buscar seguridad del mundo exterior es una solución temporal que seguirá siendo contraproducente. Entonces, ¿qué crees que te tomaría para desarrollar un diálogo interno de seguridad, protección y empoderamiento hoy?

<u>Cuatro</u>: Tratar de complacer a todos o salir de tu camino solo para evitar conflictos, incluso si eso significa absorber y aferrarse a esa energía negativa, nunca será una buena estrategia a largo plazo si quieres prosperar como empático.

Es decir, piensa en ello, ya sea que seas empleado,

seas un profesional independiente o propietario de un negocio, siempre tratarás con personas. Y hay personas buenas y malas sin importar dónde mires. Podrías encontrar fácilmente un jefe o cliente con el que es difícil tratar.

Consejo útil:

Establece una forma más saludable (que resuene con tu personalidad) para lidiar con tales situaciones. Usar el Aikido verbal, por ejemplo, podría ser una gran opción a considerar.

Cinco: La agresión en el lugar de trabajo a menudo es aceptable para nuestras contrapartes menos empáticas, pero sabemos lo dañino que puede ser para nosotros. Es importante que nunca permitas que tu energía sea absorbida hacia el torbellino que disfrutan tus colegas agresivos e incluso los clientes porque, para mí, aquellos que siempre están provocando discusiones, berrinches y atacando verbalmente a otros simplemente están proyectando sus inseguridades. No caigas en esa trampa.

Consejo útil:

¿Has oído hablar del Aikido verbal? Este es el momento perfecto para practicarlo. El Aikido es un arte marcial japonés moderno creado por un maestro de artes marciales llamado Morihei Ueshiba. El principio fundamental que subyace a éste arte marcial es que durante cualquier conflicto siempre debemos tratar de neutralizar, no dañar, al oponente.

Al practicar esto, estaríamos aplicando la filosofía subyacente de la evolución personal en el contexto de tratar con el intercambio verbal y energético. Nos requeriría integrar toda nuestra sensibilidad y practicar el autocontrol mental, emocional y espiritual en nuestra comunicación. No digo que sea fácil de hacer o que lo harás bien la primera vez, pero si estás cansado de correr, de esconderte, y de absorber conflictos como una víctima impotente, vale la pena intentarlo. Como cualquier técnica, cuanto más la aprendas y practiques, mayores serán los beneficios.

Encontrar trabajo que funcione para ti

Ahora que empiezas a ver que el mundo laboral no está destinado a ser un lugar hostil y tortuoso para ti, ¿qué te parece si descubrimos qué trabajo te dará esa sensación de satisfacción y realización?

Como dijo Einstein, la pregunta más importante que puedes hacerte es: ¿Es este un universo amigable? Si tu respuesta es sí, entonces seguramente este universo quiere que disfrutes de una plena expresión de sus habilidades y dones naturales de todas las formas posibles, incluyendo tu vida laboral. Creo que todos estamos aquí para algo significativo y es nuestro deber descubrir qué podemos ser y hacer en el planeta Tierra que brinde significado a los demás y a nosotros mismos. Si así es como ves tu vida laboral, no puedes equivocarte. La pregunta es ¿por dónde empiezas?

Aprovecha al máximo tus sensibilidades.

En lugar de tratar tus habilidades empáticas como una especie de error que te vuelve un inadaptado en la sociedad, piensa en ellos como los súper poderes que te hacen instantáneamente único. En verdad, creo que eso es exactamente lo que son.

Eso no significa que seas mejor o más especial que otras personas, solo significa que estos son los dones que te dieron para explorar, trabajar y eventualmente utilizar para el mayor bien de todas las personas.

Judith Orloff M.D también cree que, como empatic, solo podemos sobresalir y disfrutar de nuestro trabajo cuando expresamos nuestra intuición, consideración, tranquilidad y creatividad. Ella presenta los pros y los contras de ciertas carreras y condiciones de trabajo basadas en su experiencia y siente que los empáticos obtienen mejores resultados en entornos de menor estrés, trabajos individuales o en pequeñas empresas. También dice que muchos de sus pacientes prefieren trabajar por cuenta propia para evitar el desgaste y sentirse abrumado a causa de los compañeros de trabajo, jefes y horarios apretados. Pero aquí está la cosa. No es una regla estándar. Como mencioné antes, conozco empáticos que son ingenieros y médicos que tienen un horario apretado y reciben un reconocimiento increíble por su trabajo.

Por lo tanto, el darte una respuesta recta a un tema tan complejo que sea puramente relativo al individuo no sería justo para tu crecimiento y progreso. Lo que puedo decirte es esto. No tienes que ser escritor, profesionista en el área de la salud, músico, diseñador gráfico, rescatador de animales, psicoterapeuta o un motivador para prosperar como empático. De hecho, si no estás haciendo un trabajo que te permita demostrar la máxima expresión de st verdadero Ser, incluso una profesión aparentemente empática como curar a otros puede agobiarte y abrumarte.

Tengo un amigo español que solía ser lector de tarjetas y un sanador energético. Pero siempre estaba enferma, se sentía sola y nunca podía ganar suficiente dinero para pagar sus facturas mensuales. Nos conocimos por primera vez en una cafetería de Starbucks, donde estaba sentada ocupada escribiendo en mi computadora y ella se movía frenéticamente hacia arriba y hacia abajo en busca de un enchufe para cargar su teléfono moribundo.

Cuando me di cuenta de que estaba batallando para que alguien compartiera con ella su lugar, le ofrecí el mío y le pedí que se sentara y se uniera a mí mientras su teléfono se recargaba. Ese se convirtió en el comienzo de una conversación muy sincera en la que aprendí todo sobre sus luchas y dones. Rápidamente me di cuenta de que era una empática. Ella nunca había oído hablar de este término, pero tenía mucho sentido para ella. Después de escuchar lo infeliz que era a pesar de la alegría que sentía cuando alguien se curaba durante sus tratamientos, la animé a contemplar realmente sus creencias subyacentes. Lo que ella necesitaba era un cambio de paradigma. El mismo cambio de paradigma que experimentarás en el próximo capítulo. Seis meses después de que nos hicimos amigos, ella estaba trabajando en una casa de retiro de tiempo completo y su salud había mejorado mucho. Ahora ella se está esforzando para estar en sintonía con esa frecuencia correcta hacia un alma gemela amorosa y ¿sabes qué? No tengo dudas en mi mente que está a punto de toparse con él.

Me he encontrado con muchos entrenadores, terapeutas y curanderos que necesitan más ayuda que los pacientes que están tratando de curar. Y también me he encontrado con oradores movitacionales y sanadores de energía con negocios rentables.

¿Conclusión final?

El trabajo que te permita expresar la mejor y más resaltante versión de ti mismo mientras integras tus habilidades empáticas es el único trabajo que deberías perseguir. Tus habilidades, temperamento y dones son valiosos para todo tipo de carreras. Tan solo usa tu intuición al considerar entrar a un trabajo o negocio. Asegúrate en todo tu ser que sea el trabajo correcto y que resuenes con el espacio, las personas, la energía y el medio ambiente que deseas servir.

Esta es, sin duda, la mejor manera de cuidar tu energía y mejorar tus habilidades empáticas. También reducirás el riesgo de quedar constantemente agotado y fatigado en el trabajo. Aquí hay una breve lista de trabajos que los expertos en este tema recomiendan evitar y aquellos que son recomendados. Si ninguno de ellos te asienta bien, investiga un poco más en el Internet basado en tus habilidades, talentos y pasión, y simplemente elige por apostarte a ti mismo.

Empleos a evitar:

- Política.
- Abogado.
- Gerente ejecutivo para grandes corporaciones.
- Vendedor de autos usados.
- Un cajero en las grandes cadenas de tiendas.
- Policía.
- Bombero.
- Relaciones públicas.

Empleos a considerar:

- Veterinario.
- Masajista.
- Trabajar en un refugio de animales o rescate de animales.

- Un empleado de una organización sin fines de lucro.
- Trabajador de hospicio.
- Trabajador social.
- Psicoterapeuta.
- Practicante de medicina china.

EL DON DE SER EMPÁTICO

"Cuanto más alto sea tu nivel de energía, más eficiente será tu cuerpo. Cuanto más eficiente sea tu cuerpo, mejor te sentirás y más utilizarás tu talento para producir resultados sobresalientes ".

- Tony Robbins.

En este punto de nuestra travesía juntos, debe quedar claro para ti que soy un gran defensor de ser dueño de tus habilidades empáticas y mostrarlas con orgullo al mundo.

Sí, esto conlleva a un desafío dado lo rígida e impermeable que se ha vuelto nuestra sociedad. Una gran parte de nuestra población mundial se encuentra posicionada desde la mitad, y hacia el extremo opuesto de la escala de empatía, donde han hecho que parezca normal "no sentir nada". Entonces, en esos momentos en que se siente realmente difícil abrazar tus habilidades únicas, aléjate del calor del momento y céntrate en la verdad.

¿Qué verdad?

Esto es una travesía y pasarás por diferentes etapas que te pasarán de ese estado de sentirte agobiado por tus dones a sentirse totalmente fortalecido. A menudo te encontrarás con personas que también están pasando por sus pruebas, juicios y tribulaciones y, dependiendo de su nivel de conciencia, pueden o no apreciarte por lo que realmente eres. No hay nada de malo en eso; aprenda a ver el valor desde el punto de vista de todos sin comprometer el tuyo.

Eres un individuo único; un pedazo de vida hecho a la perfección. Todo lo que posees no está allí por accidente, sino por un diseño. Incluyendo tus habilidades empáticas. En el espectro de la empatía, te sientas en esa escala donde no se trata solo de ser una persona muy sensible, se trata de ser una persona talentosa que puede percibir e interpretar la vida con detalles increíbles.

Esta es una cosa muy buena. Tu elevado nivel de conciencia nunca debe cerrarse, silenciarse u ocultarse del mundo. Necesitas un recordatorio constante que te diga que eres un miembro valioso de nuestro mundo. Que eres más que suficientemente bueno. Los maravillosos rasgos que posees te diferencian y te brindan la ventaja que necesitas para diseñar el estilo de vida de tus sueños.

Respira profundamente, repite esa oración nuevamente si es necesario y sumérgete en ella por un momento.

Soy un miembro valioso de mi comunidad. Soy más que suficiente, y donde estoy ahora es el lugar correcto y el momento adecuado para comenzar a brillar.

Recibe este conocimiento y vive de éste a partir de ahora.

El cambio de paradigma que te da la libertad de ser un empático.

Permíteme antes hacer una advertencia de antemano que quizá no estés totalmente de acuerdo con esta sección del libro, y que no hay problema. Sin embargo, no retrocedas de leerlo con una mente y un corazón abierto, ya que nunca sabes lo que puede resultar de ello.

La mayoría de la información que tenemos en Internet sobre empáticos, la lucha por lidiar con el mundo y los peligros de enamorarse de narcisistas y energía vampírica tiende a ser muy unilateral. Hay una tendencia a hacer que parezca que está fuera de nuestro control como empáticos. Lo que fallamos en discutir abiertamente es el hecho de que hay creencias subyacentes que dan forma a todas nuestras realidades. Cuando esas creencias son perjudiciales a nuestro bienestar, se convierte en una profecía auto cumplida por la cual producimos condiciones, situaciones y experiencias correspondientes a dichas creencias.

Para que podamos crecer como seres humanos y especialmente como empáticos, debemos reunir suficiente valor y enfrentar las mentiras que a menudo nos decimos a nosotros mismos.

Lo que encontramos en el mundo es un reflejo de nuestros paradigmas subyacentes.

Sí, esto es difícil de creer, pero no deja de ser cierto. La tendencia a entrar en relaciones o situaciones que te convierten en un dador patológico está en realidad enraizado en un sistema de creencias negativas activo dentro de ti.

Tu disposición al sacrificio personal, las inseguridades, la duda y otros patrones de pensamiento negativos son lo que te convierten en una presa perfecta para los narcisistas y otros vampiros que se alimentan de energía. Entonces, uno de los principales cambios de paradigma que debes abordar con valentía es la creencia activa de que tus necesidades son ilegítimas, menos valiosas y que no mereces tener lo mejor de la vida.

Debido a tu naturaleza altamente sensible y dependiendo de cómo fuiste criado, podrías estar viviendo un sistema de creencias que estuvo condicionado durante tus años de formación para percibirte como una carga, y como alguien que es débil y demasiado pasivo. Si ese es el caso, entonces las emociones como el resentimiento, la ira, el dolor, incluso la soledad, podrían enterrarse profundamente y proyectarse en tu vida de las maneras más inusuales.

Déjame darte otro ejemplo de mi amigo español. Ella había estado casada una vez con un hombre que solo podía describir como un fanático del control sádico. No solo la maltrató durante su matrimonio, sino que también se aseguró que se viera como alguien sin valor e indigna de ser amada el día en que la abandonó por otra mujer.

Cuando comenzó a trabajar en sí misma y surgió la historia de su ex esposo, ella todavía estaba emocionalmente atormentada por toda la experiencia. Era como si él todavía estuviera vivo en ella controlando sus emociones.

Se sentía pequeña e insignificante. Toda su energía se alteraba tan pronto como ella comenzara a hablar de él. Quería volver a casarse y enamorarse, por supuesto, pero la verdad es que era mejor estar sola, hasta que descubrió las creencias limitantes que gobernaban su mente. Trabajar en sí misma y edificar un nuevo paradigma era lo prudente a hacer antes de intentar entablar otra relación.

El simple hecho de que tres años después de que él se fuera, ella todavía se sentía como una víctima traicionada y llena de resentimiento, aun enojada y dolida por haberle dado mucho, fue precisamente la razón por la que le dije que se enfocara primero en cambiar su paradigma. El problema no es quién tenía razón o no. Aquí hay un caso clásico de un empático que nunca se da cuenta del sistema de creencias subyacente que hace que tales condiciones se manifiesten en su vida. Quiero que te liberes de esa misma trampa si reconoces un patrón con tu trabajo o tus relaciones actuales.

La mentalidad de víctima es un sistema de creencias muy retorcido y complejo, y requerirá un esfuerzo de tu parte para incluso darte cuenta de lo que está sucediendo por debajo. Puesto a que tienes acceso a las emociones de todos los que te rodean, es muy fácil enredarte y perder completamente el acceso a la profundidad de tus propias creencias. Es por eso que tu libertad comienza tomando conciencia del extenso sistema de creencias, y cambiarlo.

Tómate un momento para darte cuenta de lo que realmente crees acerca de ti mismo. Y no me refiero a las afirmaciones superficiales o las cosas que le dices a los demás. Mírate bien en el espejo y ve lo más profundo que puedas.

Recuperando tu poder

No hace falta decir que la mayor parte de lo que te arruina y te impide ser lo mejor de ti son creencias subyacentes de la infancia que no encajan en el estilo de vida de un adulto saludable y próspero.

Necesitas ser valiente y audaz. Enfrenta tus propias energías oscuras y comienza a sanar esos aspectos de ti que demuestran claramente estas creencias negativas subyacentes. Tu nivel de conciencia y las creencias que tienes se proyectan hacia afuera en las personas que conoces, la calidad de vida que tienes y la felicidad que experimentas. Por lo tanto, recuperar tu poder es una cuestión de aprender a entrenar tu mente y obtener más control sobre tus energías para que puedas establecer nuevos parámetros y sistemas de creencias que finalmente alterarán las condiciones de tu vida.

Como dijo Nicolás Tesla una vez, si quieres encontrar los secretos del universo, piensa en términos de energía, frecuencia y vibración. Tu poder yace en tu capacidad para controlar la energía, la frecuencia y la vibración en la que predominas. Si principalmente fuiste entrenado en frecuencias más bajas y patrones de pensamiento negativos, te sentirás como una subida cuesta arriba donde apenas estás sobreviviendo. Pero una vez que comprendas cómo usar tus habilidades empáticas para reentrenar tu mente y construir un nuevo sistema de creencias que respalden una vida de alta calidad, tendrás acceso a la energía, a la frecuencia y la vibración que cura, nutre y prospera tu vida y la de los demás, y será una nueva norma para ti

Nada ni nadie tiene poder sobre ti; excepto el poder que les otorgas.

Ir más allá de la supervivencia para que puedas prosperar

Cualquiera puede ayudarte a sobrevivir y, de hecho, la mayor parte de la información disponible hoy en día se trata de mostrarte cómo evitar cosas que te agobian o asustan. En otras palabras, se trata de ayudarte a acoplar y sobrevivir. Pero una vida en la que solo te esfuerzas por sobrevivir y mantener la cabeza fuera del agua no es realmente una vida significativa. ¿No estarías de acuerdo?

Mereces tener una vida que te encante vivir. Una vida donde cada mañana se siente como un nuevo regalo que no puedes esperar para desenvolver. Y la única forma de ir más allá del modo de supervivencia para prosperar es aumentando tu sentido de responsabilidad personal. Tienes que hacer tu parte y dejar de esperar que algo o alguien venga y te de el avance o la transformación que necesitas.

El éxito y la felicidad vienen a medida que continúas y siempre es un movimiento hacia adelante y hacia arriba. Eso significa que debes alinearte hacia acción inspirada y enfocarte siempre en los pequeños pasos que puedes dar justo donde estás parado, para sentirte más en control de tu energía, tu vida y tu destino.

La peor parte de ser empático es luchar para recuperar esa sensación de poder. Requiere de un esfuerzo masivo para ganar esa batalla, pero al final, siempre vale la pena.

La mejor parte es darse cuenta de que puedes reclamar y restaurarte en una vida mucho más grande de lo que jamás habías imaginado. Comienza con una sola opción para ir hacia adelante y hacia arriba. Es hora de que hagas esa elección y alcances tu objetivo. Debes ser un ejemplo que otros puedan emular y, a medida que el mundo cambia de conciencia a una mayor autoconciencia, sin duda podríamos necesitar más de tu verdadero Ser.

¿Entonces qué dices? ¿Estás listo para comenzar a vivir desde un lugar de poder y completa autoaceptación?

Ahora, ¿recuerdas que en un capítulo previo aludí al hecho de que ser empático y abrazar esta experiencia tiene algunas ventajas sorprendentes? Beneficios que te convierten en un individuo poderoso y valioso en este planeta y, francamente, aumenta el "factor divertido" de poseer algunas de tus habilidades especiales.

Esto es a lo que me refiero:

El don de ser empático, y sí, es un regalo que puede usarse prácticamente en tu vida diaria para beneficiar a tus seres queridos y a ti mismo.

Tu energía que nutre ayuda al planeta y a todas las criaturas a florecer.

Independientemente de lo que esté sucediendo a nivel mundial, tu capacidad para conectarte profundamente con la energía significa que puedes derramar energía que es vital y que sirve de alimento a los animales, la gente, lugares, y el planeta entero.

Tu creatividad puede embellecer el mundo, resolver problemas y agregar valor al mercado global.

Somos naturalmente muy intuitivos y creativos como empáticos y esto se puede utilizar mucho más allá de los campos artísticos. Debido a que pensamos de manera diferente, la innovación y la creatividad son más naturales para nosotros y, como habrás adivinado, el mundo de los negocios de hoy se trata de innovación y creatividad. Así que no seas tímido, pon tu creatividad a toda marcha y compártela con el mundo como mejor te parezca. Encuentra ese elemento que te absorbe y te hace cobrar vida y permite que se convierta en una salida creativa que permanece separada del resultado. Podría terminar siendo un pasatiempo o algo que te haga una fortuna. De cualquier manera, date permiso para compartir tu creatividad con el mundo.

Puedes apoyar y ayudar a construir mejores colaboraciones, conexiones y estructuras de liderazgo.

¡Apuesto a que nunca esperabas escuchar eso!

A medida que cambia el mercado global, está surgiendo un nuevo grupo de líderes. Las personas reconocen que, para ser un líder efectivo, uno debe ser lo suficientemente sensible y hábil como para comprender los sentimientos de otras personas. Un artículo publicado en el *Financial Post* dijo: "Si las corporaciones quieren alcanzar niveles más altos de ética, su primer paso debería ser trabajar en su capacidad de ser empáticas. ("Olvídese de la capacitación en ética: enfocarse en la empatía, 21 de junio de 2013")

Tu capacidad para sentir, comprender y estar profundamente conectado con las personas te convierte en un pacificador y un activo valioso en el lugar de trabajo, suponiendo que ya te hayas asentado y trabajado en ti mismo como se discutió en capítulos anteriores. Tus habilidades empáticas te permitirán notar los detalles que otros pierden, reconocer las necesidades de otros y motivar a las personas a hacer su mejor trabajo.

El mundo y el mercado claman por más empatía y nadie demuestra empatía mejor que una empático.

Tu fuerte intuición puede ayudar a salvar vidas y evitar decisiones incorrectas, peligrosas o deficientes.

Debido a que tu intuición está muy desarrollada, siempre puedes confiar en ese presentimiento o corazonada que nunca te llevará a un camino equivocado. Esto puede ser muy valioso cuando tu o un ser querido se enfrenta a una decisión difícil o confusa. Siempre tienes ese conocimiento interno cuando algo se siente "mal" o cuando está "bien" y puedes usar esta habilidad para ayudar a otros en la vida cotidiana.

Llegas a ser un ser humano real auténtico y constante en el que los demás siempre podrán confiar.

En un mundo donde todos intentan ser otra persona y constantemente buscan eclipsar, superar y competir con los demás, la mayoría de los seres humanos portan máscaras y apenas saben su verdad de lo que han sido alimentados por los llamados gurús. La mayoría de las personas están encarceladas por sus propios egos, tratando de estar a la moda y tú, por defecto, eres exactamente lo contrario. Tu alta sensibilidad, vulnerabilidad y habilidades empáticas te vuelven auténtico, real y más dispuesto a hablar tu verdad. Involucras naturalmente tu corazón y tu mente en todo lo que haces y eso se ha convertido en un activo poco común en nuestra sociedad moderna. Puedes ser tú mismo y demostrar con el ejemplo a los demás cómo se ve y se siente la autenticidad. Siempre es muy refrescante tener un amigo, que siempre es real, siempre habla desde su corazón y siempre se muestra como su verdadero yo. Tu puedes ser ese amigo y modelo a seguir.

LA EMPATÍA, ESPIRITUALIDAD Y HABILIDADES PSÍQUICAS

La vida es como un árbol y su raíz es la conciencia. Por lo tanto, una vez que tengamos la raíz, el árbol en su conjunto estará sano.

-*Deepak Chopra*

Aunque algunas personas tienen un fuerte desprecio por la espiritualidad en el contexto de ser empáticos, este libro estaría bastante incompleto y hasta cierto punto injusto si ignoramos por completo la conexión entre la espiritualidad y la experiencia empática.

¿La espiritualidad entra en conflicto con ser empático?

La respuesta simple es no.

Ya sea que te involucres activamente a una vida espiritualmente consciente o no, puedes disfrutar de ser empático y usar tus dones de manera positiva, pero la verdad subyacente permanecerá inalterada porque, en realidad, la espiritualidad nunca está en conflicto con nada. La autoconciencia, la intuición, la curación, la conexión son esenciales para una empático y, sin embargo, caen en el campo de la espiritualidad.

Carl Sagan, un científico reconocido mundialmente, fue citado diciendo que la ciencia no solo es compatible con la espiritualidad; es una fuente profunda de espiritualidad. Vale la pena reflexionar sobre su declaración por un tiempo, ya que tiene un gran significado para nosotros como empáticos.

La necesidad de segregar y separar las cosas en nuestro mundo ha causado que surjan algunos de los peores conflictos. Este don de ser empático está destinado a ser utilizado como una fuerza para el bien en este mundo y, a menos que encuentres una manera de ser más íntegro en tu proceso de pensamiento cuando se trata de tus visiones del mundo, será difícil sentirse totalmente fortalecido en la vida.

La vida es solo una. La unidad es el núcleo de la vida misma, lo que significa que tratar de hacer que tus poderes sean no espirituales o solo espirituales sigue sin estar en armonía con las leyes fundamentales de la vida. Eres más que un cuerpo o un ser humano viviendo en un mundo humano. Eres un ser espiritual con experiencia humana con un recipiente físico para ayudarte a expresar más de lo que realmente eres. Así que, sean cuales sean tus habilidades empáticas, acéptalas desde la perspectiva de la Verdad sobre quién eres realmente, lo que sea que eso signifique para ti.

Es por eso que anteriormente en este libro mencioné que mi convicción es que todos los seres humanos tienen la capacidad de empatía y, dependiendo de dónde se ubiquen en ese espectro, podemos experimentar un poco o muchas de sus habilidades empáticas. Habiendo determinado que estás altamente posicionado en ese lado positivo del espectro, tus habilidades especiales entran en tu experiencia humana de forma natural y es tu trabajo estar asentado y ser lo suficientemente inteligente como para usarlas de manera efectiva.

Los psíquicos, los clarividentes y otras personas con habilidades similares no son diferentes a ti, solo han afinado sus receptores de una manera específica para acceder e interpretar información que quizás aún no hayas desbloqueado.

Y, por cierto, nunca deberás sentirte obligado a desbloquear nada con lo que no te sientas cómodo, porque ser empático no significa automáticamente que debas ser clarividente o psíquico.

Hasta cierto punto, tus sensibilidades y capacidad para conectarte con todas las energías que te rodean ya te convierten en un psíquico o clarividente natural. Es por eso que a menudo obtendrás un pensamiento, una imagen o un sentimiento intermitente de un viejo amigo o familiar del que no has sabido desde hace tiempo, y de repente te llamarán o se comunicarán de alguna manera. Si quieres desarrollarlos en un don que pueda usarse con precisión en el "reino psíquico", depende completamente de ti.

¿Qué es una persona psíquica?

Esta es una persona que supuestamente puede captar información y comunicarse con espíritus manifestados como humanos normales, así como espíritus dentro del reino espiritual. Hay otro tipo de psíquico comúnmente conocido como un "medio psíquico" que supuestamente puede comunicarse con espíritus desencarnados. En esencia, esa persona se utiliza a sí misma como medio de comunicación (como un teléfono) para transmitir mensajes de un ser espiritual a otro.

¿Qué es una persona clarividente?

Esta es una persona que puede ver claramente con los ojos de la mente. Originalmente francés, el término 'Clair' significa 'claro' y 'voyance' significa 'visión' y le permite al individuo en asunto ver claramente los eventos, las personas, los escenarios e incluso los lugares dentro de su mente.

Por lo general, el argumento establecido es que los psíquicos se ocupan de las energías del pensamiento, mientras que los empáticos se ocupan de las energías emocionales, pero de nuevo, quiero volver a mi punto anterior.

La necesidad de separarse y diseccionar de esta manera solo crea fricción y confusión. Después de todo, el pensamiento y las emociones tienen un vínculo ininterrumpido, ¿por qué intentar elegir un bando? En lugar de debatir si los psíquicos, los clarividentes y los empáticos están jugando en el mismo equipo, concéntrate en comprender más tus habilidades empáticas. Abstente de poner tantas etiquetas, y recomiendo también abstenerte de juzgar el debate sobre si ser empático está vinculado a la espiritualidad.

Entendiendo tu intuición, poderes curativos y poniendo los pies en la tierra:

Creo que es seguro decir que cualquier empático con una intuición fuerte y altamente desarrollado, y con poderes curativos ya se ha aventurado en la espiritualidad y la conciencia superior. Pues sabemos que la ciencia no es capaz de respaldar con pruebas concretas el cómo se puede curar o calmar a un animal adolorido con solo poner una mano. Y supongo que les sería difícil explicar cómo puedes recibir mensajes intuitivos tan fuertes que casi siempre son acertados.

Mis amigos y mi familia han desarrollado el hábito de tener siempre una conversación conmigo cuando se enfrentan a una decisión importante porque mi intuición nunca ha fallado en responder positivamente cuando se me convoca. Si algo me parece mal, he aprendido a confiar en esa información. ¿Y tu?

En caso afirmativo, ya estás cosechando los beneficios de activar espiritualmente tus habilidades empáticas. La buena noticia es que tus habilidades intuitivas, tu potencial de sanación natural, y un fuerte sentido de estar conectado con la tierra se dispararán una vez que abras tu mente y se conecte conscientemente hacia algo más alto que tu nivel actual de conciencia.

El hecho de que puedas sentir la energía a tu alrededor significa que tienes la capacidad de extender tu conciencia y sentir la energía de nuestro sistema solar, nuestra galaxia, nuestro universo. Y a medida que te conectas con el poder que genera todos estos macrocosmos, ¿no tiene sentido buscar la inteligencia, la sabiduría, el poder y la guía que lo genera todo? Ahí es donde comienza el verdadero despertar espiritual. Y si eso es algo que resuena contigo, espero que tengas la curiosidad de tirar del hilo de la espiritualidad y la conciencia superior. Ve a dónde lleva eso y cómo eso fortalece tu vida.

Antes de concluir nuestro viaje juntos, quisiera compartirte unos consejos prácticos que te catapultarán a ese camino de prosperidad y autorrealización, independientemente del trabajo, las relaciones y los objetivos que establezcas para ti.

CONSEJOS PRÁCTICOS Y RÁPIDOS PARA COMENZAR A PROSPERAR EN LA VIDA COMO ALGUIEN EMPÁTICO.

"Lo realmente importante no es vivir, sino vivir bien ... y vivir bien significa lo mismo que vivir honorable o correctamente".

-**Sócrates**

Inhala.... exhala. Has llegado hasta aquí. Disfruta del alegre sentimiento de logro al haber viajado conmigo a este último capítulo. Estamos aquí para equiparte con herramientas de vida que podrás elegir según lo consideres conveniente para ayudarte a navegar por el camino hacia la creación de un estilo de vida próspero.

Consejo uno: Comienza a ponerte en primer lugar

Como empático, esto es contradictorio y, sin

embargo, te lo aseguro, aprender a ponerte en primer lugar beneficiará a todos en tu mundo. Suena egoísta y te hace preguntarte si estás siendo una mala persona. Sí, conozco esas pequeñas voces en nuestras cabezas, pero como mencioné anteriormente, esto será parte del cambio de paradigma y la eliminación de los sistemas de creencias falsos. No eres una persona mala o egoísta cuando te aseguras de que tus necesidades se satisfagan primero antes de atender las necesidades de los demás.

¿Sabes por qué en el avión las azafatas siempre te dicen que te coloques la máscara de oxígeno antes de ayudar a alguien más, incluyendo a tu bebé? Bueno. La misma regla se aplica aquí. Tus habilidades empáticas y alta sensibilidad solo funcionan cuando estás energizado, y no cuando estás agotado.

Hay un antiguo proverbio que dice: "No se puede verter de una taza vacía". ¡Cuán cierto! A eso se refieren las azafatas y a eso me refiero yo también. Necesitas estar lleno y energizado en todo momento. De lo contrario, corres el riesgo de estar "lleno" de cualquier basura que la gente esté luchando.

Algunas de las formas que te recomiendo que empieces a practicar es:

Tomando clases de yoga.

Aprender a meditar diariamente u otras prácticas de atención plena.

Haz devocionales diarios o tiempos de oración si eso es lo tuyo.

Crea tus propios rituales especiales que te ayuden a practicar el amor propio y el cuidado personal.

Consiéntete con obsequios con frecuencia. Por ejemplo, a menudo me compro flores, pastelitos, chocolates o perfumes solo porque sé que estos regalos me hacen sentir amado.

¿Puedes pensar en una o dos cosas que podrías hacer esta semana para hacerte sentir amado?

Consejo dos: Prioriza tus emociones

Como una persona altamente sensible, puedes procesar muchas emociones en un instante. Profundamente "sientes" todo. Tus emociones, pensamientos y sensaciones son bastante fuertes en tu mente y en el corazón. Pero no son solo tus emociones; también son todos los que te rodean. Ahí es donde puede ponerse difícil porque puedes quedar tan atrapado a la hora de ayudar a otros a procesar sus emociones que terminas adormeciendo las tuyas.

Hazte el hábito de hacerte un auto-chequeo regularmente. Revisa tus emociones en intervalos regulares para asegurarte de que estén cooperando al servicio de tus sueños y metas.

También quiero que trabajes en el desarrollo de filtros para que puedas dejar de absorber automáticamente lo que venga a tu mundo. Sé más consciente de la cantidad de información que consumes e incrementa tu radar para poder captar rápidamente cuando alguien esté tratando de usarte como caja de resonancia para su estilo de vida disfuncional. No digo que excluyas a las personas que necesitan tu consejo. Te estoy animando a que establezcas un límite de tiempo para que no te sumerjas demasiado en sus mundos hasta llegar al punto de ahogarte.

Como empático, tiendes a quedar atrapado en las energías e historias de otras personas. A medida que absorbes esto, se enreda con tus propias emociones, energías e historias, y antes de que lo notes, tu cuerpo, mente y asuntos comienzan a proyectar mentiras que ni siquiera eran tuyas para empezar. El lenguaje universal son las emociones. El estado emocional más dominante que tienes es la comunicación que recibe el universo y te reflejará las condiciones y circunstancias que coincidan con tu transmisión. Por lo tanto, aprende a dominar y procesar mejor tus emociones.

Esto se puede hacer de manera informal o formal, pero lo más importante es recordar que no debes ser una isla. Puedes encontrar formas que resuenen con tu personalidad y procesen tus emociones de manera saludable.

Si tienes una inclinación espiritual, considera la opción de arreglar una plática con un líder espiritual.

¿Te gusta escribir un diario? Entonces compra un cuaderno especial para registrar tus emociones y transfiere todo ese diálogo interno al papel todas las noches antes de dormir.

Si te gusta ser parte de un grupo o comunidad, únete a una sesión de consejería grupal cerca de ti.

También puedes encontrar un terapeuta capacitado o a un entrenador de vida (life coach) y tener sesiones cada mes.

Si tienes un compañero o amigo en quien puedas confiar, organiza citas semanales ir por un café para hablar sobre tus emociones y lo que sientes actualmente.

Estas son solo algunas de las infinitas opciones que probar. ¿Qué opción elegirás para ayudarte a construir tu propia estructura de apoyo emocional?

Consejo Tres: Practica la gratitud religiosamente

Aunque muchas personas hablan sobre la alta sensibilidad y la naturaleza sentimental de los empáticos, generalmente se refieren al dolor y la tristeza. Pero tu y yo sabemos que sentimos alegría y placer con la misma profundidad, y son estas mismas experiencias alegres las que necesitamos capitalizar más.

De la misma manera que todos los expertos en bienestar nos aconsejan crear rituales de atención plena para ayudar a cuidar la mente, el cuerpo y el alma, también necesitamos crear rituales que nos ayuden a anclar en el profundo sentimiento de gratitud, aprecio y celebración.

Hay tanto poder en la práctica de la gratitud. Se ha enseñado durante siglos a través de diversas religiones y filosofías, y la ciencia moderna ha demostrado los beneficios biológicos del elogio y la apreciación. Sé que algunas personas tienen dificultades para crear una práctica diaria a partir de esto, así que solo intenta algunas cosas y adhiérete a la que te parezca más enriquecedora. Recuerda que se trata de cultivar ese sentimiento y crear esa conexión profunda.

Compra un hermoso diario y ponle como nombre "mi diario de agradecimiento", donde documentes de 3 a 5 cosas diarias con las que te sientas bien.

Descarga una aplicación de agradecimiento y úsala justo antes de comenzar el día.

Ten una cita especial contigo mismo solo para celebrar el ser tú.

Envía un regalo con una nota de agradecimiento cada semana al menos a una persona en tu vida que realmente aprecies.

Consejo cuatro: Duerme lo suficiente y ten tiempo de inactividad

Arianna Huffington, fundadora del *Thrive Global*, es la embajadora del sueño. Ella cree que todo lo que haces, lo harás mejor con una buena noche de sueño. En su libro titulado *La Revolución del sueño*, Arianna dice: "Al ayudarnos a mantener el mundo en perspectiva, el sueño nos da la oportunidad de reenfocarnos en la esencia de quienes somos. Y en ese lugar de conexión, es más fácil que desaparezcan los temores y las preocupaciones del mundo ".

Vivimos en una comunidad privada de sueño donde poco o nada de éste demuestra que uno es más trabajador y activo en la comunidad. Pues, gracias a activistas como Arianna, el mundo está comenzando a darse cuenta de los efectos nocivos de un sueño inadecuado. Para los empáticos, esto es doblemente importante porque absorbemos y procesamos mucho. Comprender la calidad y cantidad de sueño que nuestros cuerpos necesitan para operar a niveles óptimos es parte de la razón por la que luchamos tanto para hacer frente a un mundo exigente. No sé sobre ti, pero sin mis 8 horas de sueño y descanso, mi mente se siente tan dispersa, ruidosa y abrumada. Mi capacidad para dirigir con calma mi energía se reduce considerablemente. Así que aprendí de la manera difícil de dejar de jugar con mi sueño, y te animo a que hagas lo mismo.

Además de dormir lo suficiente y descansar, date tiempo para relajarte y despejarte después de un día ajetreado. Cuando asistas a eventos públicos, reuniones o viajes, asegúrate de apartar un tiempo para relajarte en silencio para que puedas reducir tus niveles de estimulación y restaurar tu sanidad.

¿Cuánto duermes normalmente? ¿Es un sueño relajante de alta calidad? ¿Cuáles son algunos cambios que puedes hacer para garantizar un descanso óptimo cada noche?

Consejo cinco: Encuentra tu propósito y visión, y síguela.

En pocas palabras, encuentra algo que te entusiasme y te vigorice, y persíguelo con todas tus fuerzas. No esperes a que algo caiga en tu regazo algún día. Cada momento de tu vida es un momento en el que nunca volverás. Puedes decidir si tu vida se va a crear por diseño o por defecto.

Esencialmente, mientras estés respirando estarás creando. Y dentro de más pronto comiences a ser el gran arquitecto de tu vida y crees una visión que te haga feliz, más pronto podrás comenzar a moverte en la dirección en la que te sentirás satisfecho y realizado.

¿Alguna vez escuchaste el viejo dicho "sin una visión, la gente perece"?

Eso es lo que sucede con tus poderes, tu sentido de la vida y tus sueños. Perecen sin una visión clara de ti. Si realmente quieres ser un empático fortalecido que prospere en este mundo moderno, debes crear una visión y descubrir qué te hace sentir bien. Incluso si aún no sabes cuál es tu propósito o cómo usar tus dones, las cosas caerán en su lugar a medida que sigas el camino de tu verdadera felicidad.

Se necesita valentía y determinación, pero sé que puedes hacerlo. Aquí está tu primer paso de bebé. Responde esta pregunta honestamente, con gran sentimiento y sin reservas.

¿Qué me gustaría ser, hacer y tener en esta vida?

Consejo seis: Desarrolla una forma amable de lidiar con

conflictos internos y externos

Nuestra experiencia en el conflicto, especialmente con un ser querido, es insoportable. No podemos soportar ese sentimiento horrible y la batalla interna que surge cada vez que ocurre un desacuerdo, lo que probablemente sea la razón por la cual la mayoría de los empáticos mantienen todo dentro. Tener que lidiar con la ira tampoco es fácil para nosotros, además odiamos la idea de lastimar a alguien porque literalmente sabemos lo horrible que se siente.

Sin embargo, aquí está la verdad. Lo has hecho toda tu vida. Ir junto con algo solo por el bien, incluso si te duele. Evitar conflictos y confrontaciones a toda costa. ¿Esta elección realmente te ha hecho una persona más feliz?

Ahora, definitivamente no estoy sugiriendo que te conviertas en una reina o rey del drama. Los berrinches nunca resuelven nada. Pero sí quiero alentarte a que encuentres formas saludables de lidiar con el desacuerdo y el conflicto sin absorber la energía negativa y permitir que lentamente te consuma. Huir no es la mejor solución porque también existe el conflicto interno que a menudo te invade y del que no tienes escapatoria. Entonces mi sugerencia es simple.

Encuentra ejercicios, técnicas y prácticas que te ayuden a enfrentar y resolver los conflictos de manera saludable.

Técnicas como el Aikido verbal que había compartido antes o el método D.R.O.P, enseñado por el líder en transformación personal de renombre mundial, el Dr. Deepak Chopra. D.R.O.P es un acrónimo de:

1. Deja de hacer lo que estás haciendo.
2. Respira hondo tres veces y sonríe con todo tu cuerpo.

3. Observa lo que está sucediendo y lo que sientes en tu mente y cuerpo.
4. Procede con amorosa bondad y compasión.

En cualquier situación dada tienes el poder de practicar DROP. En lugar de escapar de una situación incómoda o de un conflicto interno o externo, prueba esta técnica y observa lo que comienza a suceder con tu sentido de empoderamiento.

Entrar en tu propio poder como empático cuando estás en medio de una crisis, conflicto o caos es quizá el mejor regalo que podrías dar al mundo y a ti mismo. Tomará de práctica y autodisciplina, pero si estás listo para ser una fuerza poderosa para el bien del mundo, dominarás y superarás todos los obstáculos que se interpongan en tu camino para aumentar tus poderes empáticos, incluyendo al conflicto y el caos.

¿Cuáles son algunas cosas en las que podrías empezar a entrenarte cada vez que surja un conflicto?

Consejo siete: Practica el Yoga o Pilates

Ambas son formas de ejercicio que van más allá del ejercicio físico. Son especialmente efectivos porque combinan la respiración, el centrado, y asentamiento mientras fortalecen tu cuerpo. Es una manera increíble de sentirse maravilloso y elevar tu estado vibratorio incluso si solo practicas por quince minutos en la comodidad de tu hogar.

Consejo ocho: Dedica un tiempo diario para la autoconciencia

¿Qué es la autoconciencia? Esta es su capacidad de ir hacia adentro y tomar conciencia de sus propios pensamientos, sentimientos, sensaciones físicas y comportamientos.

Esto suele ser difícil para los empáticos porque tendemos a acumular capas por las necesidades, patrones de pensamiento y energías de otras personas. Es por eso que debes hacer esto como un ritual diario. Establece un momento específico que no sea destinado al ejercicio físico o la meditación, sino simplemente un tiempo para estar contigo mismo, escucharte a ti mismo, observar lo que actualmente está ocurriendo en lo más profundo de ti, hasta que te familiarices con tu verdadera voz y sentimientos.

Por ejemplo, cuando compartí la historia de cómo me había enamorado de este chico, pero al final de pasar un fin de semana juntos, me acurrucaba en la cama completamente agotada y sintiéndome casi enferma, ese Domingo en particular cuando "me sorprendí" acurrucada en la misma posición experimentando las mismas sensaciones por seis domingos consecutivos fue mi momento de autoconciencia. Me di cuenta que me había forjado un hábito, y me percaté que algo andaba mal. Si vuelves un hábito o una práctica regular el darte un tiempo de autoconciencia, ¡no te tomará seis semanas darte cuenta de que está yendo por camino equivocado! Ahora estoy consciente y mi vida ha cambiado gracias a la autoconciencia.

Una manera sencilla de comenzar es a través de un espejo reflejante, ya que esto te dará una visión directa de cómo te percibes a ti mismo, aumentando así la autoconciencia.

Consejo Nueve: Fortalece tu sistema de guía intuitivo.

Trabaja para fortalecer tus habilidades intuitivas. Cuanto más te nutre y aprendes a confiar en ella, más clara se vuelve la información. No hay una mejor guía en tu trayecto que te ayude a percibir cuando te dirijas hacia un hoyo oscuro que tu intuición. Te ahorrará tiempo, angustia e incluso te protegerá de los vampiros y narcisistas que se alimentan de energía.

Tu intuición también amplificará tus poderes curativos y te permitirá sentir cuándo alguien a quien amas necesita ayuda incluso antes de que lo diga. Siempre será la voz más tranquila y silenciosa, préstale atención y no permitas que el orgullo o el ego te distraigan de recibir y tomar acciones hacia la orientación dada.

Consejo diez: Prácticas de atención plena

Las prácticas diarias de atención plena, como la meditación del corazón, la meditación trascendental y ejercicios de respiración, te fortalecerán y te ofrecerán una gran claridad. Tomar incluso tres minutos de tu día para practicar técnicas de respiración profunda no solo es bueno para tu cuerpo, sino que también mantiene a raya la ansiedad y el estrés. Ser consciente es uno de los mejores regalos que puedes darte a ti mismo; úsalo para ventaja tuya.

Consejo Once: Relájate utilizando el diálogo interno positivo y la labor de la respiración consciente

Esto es especialmente útil si te das cuenta de que hay algunos comportamientos poco saludables que impulsivamente toman el control cada vez que ocurre un detonante de estrés. En tales casos, has respiraciones profundas y muy lentas haciendo todo lo posible para centrarse en tu cuerpo. Permítete sentir tu cuerpo y todas las sensaciones, incluso si éstas son indeseadas. A través de un diálogo interno positivo, di palabras en voz alta o mentalmente que te ofrezcan una sensación de alivio en ese momento. No intentes buscar palabras demasiado extravagantes o que suenen "inventadas". Apégate a lo que sea que te resuene en ese momento y te haga sentir mejor.

Para una persona, una pequeña charla motivacional podría ser la respuesta correcta y para otra, podría ser una declaración más devota como "Esto también pasará. La paz sea aún". No sé lo que será para ti, pero adquiere el hábito de ser tu mejor animador y esta práctica se volverá muy efectiva cuando llegue el estrés.

Consejo doce: Prueba la aromaterapia y los aceites esenciales

Nuestra capacidad de procesar y conectarnos con energías, olores y otros estímulos puede ser agobiante, pero también podemos usarla para ventaja nuestra. Si te gustan los aceites esenciales, prueba la aromaterapia como una alternativa para ayudar a desestresarte y calmar tus nervios.

Cuando inhalamos el aroma de los aceites que resuenan con nosotros, puede hacer inmediatamente que nuestro cuerpo entre en acción causando la producción de hormonas como la serotonina y la dopamina. Solo asegúrate de elegir los aceites que te enciendan y te quiten el estrés.

Tu siguiente mejor paso:

Es hora de planificar la nueva historia de tu vida. ¿Qué clase de estilo de vida te gustaría tener dentro de 12 meses?

Independientemente de lo que la gente diga a tu alrededor, el mundo siempre ha sido una mezcla de lo bueno y lo malo. La dualidad es lo que hace que la vida humana sea agradable. La oscuridad y la luz deben coexistir para que podamos ser conscientes de lo que es la luz.

Por lo tanto, continuará escuchando críticas y debates mixtos sobre si lo que posees es un regalo o una maldición y, para ser honestos, podrías pasar el resto de su vida siendo un empático feliz o un empático miserable con muchas cargas, que muy apenas puede sobrevivir y al universo no le importará en absoluto. Así que definitivamente es una cuestión de perspectiva y mentalidad.

Tendrás que elegir cómo mostrarte ante el mundo y la imagen que deseas obtener. El secreto para vivir una vida que sea significativa, satisfactoria y alegre como alguien empático es simple: la evolución personal es lo que necesitas.

Planifica un nuevo estilo de vida basado y personalizado para tu evolución personal:

Para que puedas crear exitosamente un esquema hacia una vida que te encante vivir; deberás involucrar ...

- Tu Imaginación
- Tu Atención
- Tu Intención

Sin estas tres cosas, ningún momento invertido en diseñar o en hacer una planificación estratégica equivaldrá a resultados tangibles. Veamos cómo impactarán tu esquema.

Imaginación: El mejor uso de tu imaginación es comenzar a diseñar el tipo de futuro que te encantaría vivir. ¿Qué te gustaría experimentar? ¿Quién te gustaría ser? ¿Puedes ver vívidamente este nuevo tú?

Haz tu mejor esfuerzo para conectarte emocional y

visualmente con este nuevo yo que anhela hacerse realidad. Cuanto más pueda conectarte con ese nuevo yo, más fácil será determinar los detalles necesarios para que tu plan de estilo de vida funcione.

Atención: A dónde va la atención, fluye la energía. Es así de simple. Si tu atención se centra en el crecimiento, en una mayor expansión y evolución personal, tu energía se concentrará más en ese sentido y tu vida continuará expandiéndose en esa dirección.

Intención: Se más intencional en tu deseo de crecer y evolucionar. Como dijo Napoleón Hill, el punto de partida de todo gran logro es un deseo ardiente. Para que tengas un estilo de vida próspero, aumentes tu éxito, salud, riqueza y amor en tu vida, debes desear ser algo diferente de lo que eres actualmente. Tomar la intención de que deseas presentar una nueva versión de ti mismo y entrar en cada situación cada día con esa intención comenzará a impulsar tu vida en una dirección diferente porque, repito, el universo siempre está escuchando y respondiendo a la energía que transmites.

Lo que necesita es más orden que vuelva a tu vida diaria. Necesitas más claridad y debes darte permiso para convertirte en el arquitecto de tu vida y energía.

Si no estás involucrado en la fijación de objetivos, está bien. No te estoy pidiendo que establezcas metas aquí, te estoy pidiendo que te conviertas en el autor del libro de tu vida. Es hora de comenzar un nuevo capítulo. Uno que esté lleno de momentos mágicos y significativos, aventuras, tal vez incluso romance, y definitivamente de hacer una gran diferencia en el mundo.

El único que puede escribir este libro eres tú.

Con una larga lista de herramientas prácticas para la vida, consejos sobre cómo calmarte y manejar situaciones desagradables, tienes todo lo necesario para comenzar un nuevo capítulo de tu vida. Solo las historias que te cuentas a ti mismo pueden detenerte. Y la mejor manera de evitar que una vieja historia te bloquee es escribir una nueva historia. Concéntrate en el trayecto en sí, las experiencias significativas que deseas encontrar y el proceso, no los objetivos.

Un ejercicio simple que por lo general ayuda a comenzar cuando se diseña un nuevo estilo de vida es un proceso llamado claridad a través del contraste. Toma un trozo de papel A4 y haz dos columnas. A la izquierda, etiqueta las cosas de ese lado que *me hacen contraer y me llevan al auto-sabotaje*.

A la derecha, la etiqueta serán *cosas en las que me enfocaré para una mayor expansión.*

Un ejemplo sería anotar a la izquierda "falta de sueño" si sabes que ese es uno de los temas que deseas mejorar en este nuevo capítulo y luego, por supuesto, la nueva historia sería "una rutina de sueño reparadora y adecuada".

Al final de este ejercicio, tendrás todas las cosas viejas que te han mantenido atrapado y viviendo una vida mediocre a la izquierda y tendrás a la derecha todas las maravillosas experiencias nuevas que te esperan a medida que entras en este nuevo capítulo de tu vida.

Algunas cosas útiles para ayudarte a diseñar tu estilo de vida en caso de que te sientas un poco perdido sobre qué tipo de experiencias constituirían una vida expandida y empoderada como empático incluyen:

- Recibir más amor.
- Dar más amor, compasión, buena voluntad, etc.
- Ser servicial.
- Meditar diariamente.
- Encontrar canales creativos.
- Interactuando más con la naturaleza.

- Usar tus dones en el trabajo.
- Hacer más cosas que te traen alegría y diversión.

Esta lista es interminable, pero espero que te haya dado una idea. Cuando hayas terminado de diseñar un plan de estilo de vida vívido y descriptivo de cómo te sentirás, y de cómo será tu vida en los próximos 12 meses, algunas o todas estas cosas en la lista, así como otras que no he mencionado, estarán todas incluidas en ese esquema. Y eso se convertirá en la vista previa de lo que puedes esperar en el futuro.

Ponte cómodo cuando las cosas se vuelvan incómodas

No quiero dejarte con la impresión de que el trayecto hacia este nuevo estilo de vida será todo unicornios y arcoíris. Es probable que te sientas incómodo y ahí es cuando tendrás que acelerar las cosas. Parte de tener este esquema documentado es tener un recordatorio y punto de referencia para usar cada vez que las cosas se ponen feas y te preguntes por qué incluso estás haciendo todos estos cambios.

Debes aprender a sentirte cómodo con lo incómodo

y debes encontrar formas de mantenerte responsable para que no vuelvas a caer en la vieja historia. Ahí es donde entran en juego cosas como la comunidad, el coaching y los mentores. Las diferentes opciones funcionan mejor para diferentes personas. No hay una talla para todos. Cualquiera de ellos podría funcionarte, siempre y cuando descubras cuál se adapta mejor a tus necesidades y tomes medidas respecto a esa decisión. La única forma de ser un empático capacitado es emprender ese camino por ti mismo, y éste comienza con esa labor interna que te comprometiste a hacer. ¡Date permiso para crear una nueva historia y una nueva vida que te beneficie a ti y a toda la humanidad!

www.ingramcontent.com/pod-product-compliance
Lightning Source LLC
Chambersburg PA
CBHW060350080526
44583CB00012B/249